El concepto de tiempo en el Mediterráneo antiguo

(Implicaciones religiosas, filosóficas y políticas)

Eloy Andrés Gómez Motos

Índice de contenidos:

2. *El mito de Aton y su culto*

3. *Teorías acerca de Akhenatón*

4. *El henoteísmo amartiano*

5. *Freud y el tema Aton-Jahveh*

- La religión sumerio-acadia

- La religión fenicia y cartaginesa

- La religión griega

- La religión romana

- La religión hebraica

. Los profetas, la torah y el talmud

- La religión cristiana

6. Sobre las relaciones entre el tiempo y las ideas morales, filosóficas y políticas

. Mesopotamia

- *El Código de Hammurabi*

- *La moral mesopotámica*

1. Introducción

Debo reconocer que, del amplio abanico alcanzable por las *ciencias históricas*, es en el ámbito "superestructural" donde alcanzo las mayores satisfacciones tanto en el ámbito personal como a la hora de intentar explicar los hechos pasados. Y es que, con Braidwood, creo que "no puede haber historia de cualquier cosa que no sea pensamiento", al no ser presente, sino pasado.

Desde éste mi ámbito de estudio favorito, he creído desde hace tiempo que es en el ámbito "religioso" donde encontraba la más suculenta y numerosa información acerca de las civilizaciones pasadas; pero notaba que me faltaba algo más que las múltiples interpretaciones que hay en las bibliotecas y librerías. De la mano de la "sociología" he empezado a conocer más ampliamente la mecánica de las mentalidades. Sin embargo esta ciencia humanista - que hay quien considera demasiado cientifista- y sus diversas teorías son de difícil aplicación a la práctica y, por tanto, al estudio de las sociedades antiguas y de otras épocas, siempre en movimiento frente al planteamiento "estructuralista" de la sociología. En cualquier caso, y aparte del esfuerzo de los últimos años de parte de diversos científicos ligados a esta disciplina, esta aplicación de la sociología es posible mediante un estudio pormenorizado y comparativo de las fuentes materiales disponibles en muchas ocasiones, siempre y cuando se las enmarque en un terreno teórico.

Quede claro de que soy consciente de que los resultados son meramente "subjetivos" pero, a pesar de todo, al menos consigo encontrarme una verdad más o menos coherente que sacie mi curiosidad: En realidad, no creo que, realmente, aspire a más que la consecución de unos "intereses" científicos (que pueden ser, no obstante, los de un grupo social, político, cultural, etc.). Aquí puedo reseñar que una cita que viene muy a cuento, de la mano de Febvre: "Toda verdad es a la vez absoluta y relativa. Relativa a un momento, a una etapa del pensamiento, por la superación perpetua, en una dirección, hacia el dominio y posesión del objeto. La verdad *actual* debe ser negada. De otra manera dejaría de ser verdad por la superación y la superación es la que la conserva". Por otra parte, hay quien dice que la verdad no es más que aquello que abarca a la totalidad (de individuos, en las ciencias humanas en general).

Este estudio, en el que he intentado elucidar algunas de las principales cuestiones a discutir en el ámbito de las *mentalidades*, de la mano de la psicología individual y social y algunos de los sociólogos más ampliamente aceptados, habría quedado, sin embargo, y tras todo lo dicho, incompleto sin una explicación que permitiese una mínima coherencia histórica: He echado mano de la historia política y, por ende, he intentado exponer una conexión de la realidad material de las civilizaciones del pasado antiguo, que explicase o intentase explicar por qué se pensaba de una determinada manera y no de otra, en los períodos históricos estudiados. Para finalizar, la multidisciplinariedad "impuesta" por diversas corrientes historicistas, especialmente la escuela francesa, me han ayudado en mis últimas reflexiones expositivas de la mano de la antropología y, finalmente, la psicología evolutiva de nuevo cuño.

2. *La necesidad de control y el anhelo de escapar del tiempo*

El descubrimiento del hombre de que él mismo, al igual que el resto de criaturas vivientes, *nace y muere*, hubo de conducirle de manera intuitiva a intentar salvar el implacable paso del tiempo. Así, observamos ya en el Hombre de Neanderthal (y es posible que incluso antes) rituales en los enterramientos en los que, sin duda, se pretendía transgredir los estrechos límites a que estaba sometida su existencia.

Con el cambio de una sociedad nómada y depredadora a otra agrícola y más organizada, la *ansiedad* del hombre respecto a sí mismo y a los animales y plantas de que se alimentaba se fundió en una ansiedad más amplia sobre la naturaleza: En las estaciones críticas, se requería una respuesta "ritual", de diferentes características según las necesidades y posibilidades que el medio brindaba a las diferentes poblaciones.

A este respecto, me parecen interesantes las palabras del neurofisiólogo y psicólogo R. Sapolsky, a raíz de uno de sus experimentos: "La importancia de la capacidad de "predecir" como "agente estresante psicológico" -generador de ansiedad- se demuestra en un estudio elegante y sutil: Una rata se halla tranquilamente en una jaula; a intervalos medios, el experimentador le suministra un trozo de comida por un conducto que termina en la jaula; la rata se lo come alegremente (...) Se cambia el patrón de suministro de comida al azar. La rata recibe la misma cantidad de recompensa, pero es menos predecible... y la rata, su organismo, eleva la tasa de glucocorticoides -hormona generadora de la ansiedad-. No está hambrienta, no tiene dolores, no corre para salvar la vida... y, sin embargo, a pesar de la ausencia de agentes estresantes, la pérdida de la capacidad desencadena la respuesta del estrés".

Estos experimentos, claramente extrapolables al ser humano, muestran la innata necesidad del hombre de escapar de la fatalidad por los medios a su alcance: Es la *necesidad de control*, que en el caso del ser humano tiene mucho que ver, según Sapolsky, con la "anticipación" de que lo temido o lo esperado va a ocurrir ya que, a diferencia de las especies menos complejas, los humanos podemos activar las "respuestas de estrés" pensando en los agentes estresantes *potenciales*. Y, "a veces, los humanos sufrimos estrés por cosas que carecen de sentido para un león o una cebra: Por el impuesto de la renta, por hablar en público o por la inestabilidad de la muerte. Así, cuando se produce un alboroto fisiológico sin razón aparente, o por algo sobre lo que nada podemos hacer, lo denominamos ansiedad, neurosis, paranoia". ¿Pero es esto así?

Paul Davies, profesor de ciencias físicas de la Universidad de Adelaida, Australia, apunta que "puede que exista una fuerte necesidad biológica de una inversión del orden en que llegan los datos sensoriales y el orden temporal que infiere el sujeto", según los experimentos llevados a cabo con electrodos sobre diversos sujetos. Así, bajo esta presión de "no saber exactamente lo que va a pasar", o sea, "bajo la incertidumbre ante el tiempo venidero, el cerebro ha evolucionado para estar continuamente por delante de los acontecimientos".

No cabe duda de que éstos "relojes biológicos", innatos, están estrechamente relacionados con la experiencia consciente del tiempo, pero, como bien apunta Davies: "No hay órgano del tiempo", obvio, en nuestros cuerpos; y, pese a todo, existe un sentido interno del tiempo profundamente enterrado dentro de la consciencia humana, íntimamente asociado con nuestro sentido de la identidad personal, y nuestra inamovible convicción de que el futuro está aún abierto, capaz de ser moldeado por nuestras acciones voluntarias. En esto, tiene mucho que ver el hecho de la historicidad humana, el "ser histórico" que es el hombre. Para Farre, "Ser histórico consiste en verse integrado en los eslabones de una cadena, surgiendo en un presente, en relación de continuidad con el pasado, presintiendo y preparando el futuro". Esto es lo más próximo que, antropológicamente, podemos estar de ese "órgano" inexistente que mencionábamos antes, que no es sino la conciencia de la *historicidad* humana. Pero (en la misma línea que otros como Ortega y Gasset), Farre señala que "sólo el hombre es y hace historia", debido a esta toma de conciencia, a diferencia del resto de seres.

Un mundo determinista, en cambio, es un mundo en el que el futuro ya está contenido en el presente, y en el que nunca ocurrirá nada genuinamente nuevo. En un mundo semejante la división del tiempo en pasado, presente y futuro es un ejercicio absurdo, puesto que el estado del Universo en un momento dado contiene toda la información sobre sus estados en momentos posteriores. El "despliegue del futuro" no es otra cosa que la pura lógica.

Pero los filósofos griegos resaltaron ya que la distribución entre "ser" -la cualidad de permanecer en existencia- y "devenir" -la cualidad de cambio o flujo en los sistemas físicos- no son conceptos fácilmente relacionables. Como escribió Engels: "La filosofía antigua era un materialismo primitivo, natural. Como tal no era capaz de explicar las relaciones entre el pensamiento y la materia. Pero la necesidad de llegar a conclusiones claras acerca de esta cuestión condujo a la teoría de un alma inseparable del cuerpo, luego a la afirmación de la inmortalidad del alma". De este modo, el materialismo antiguo veíase negado por el idealismo, cuestiones que después elucidaré con más detalle. Y aún en los años 20, Eddington intentaba explicar esta unión como algo real: "Si yo atrapo la noción de existencia porque yo mismo existo, yo atrapo la noción de devenir porque yo mismo devengo. Es el *yo* más interno de todos el que "es" y "deviene". Estas fascinantes elucubraciones captan ya algunos elementos del libre albedrío humano.

¿Es la temporalidad humana una especie de monstruosa ilusión de los sentidos y de la mente humana? Según Davies, "para los relativistas temporales, la "verdadera realidad" está investida en un reino que trasciende el tiempo. Los europeos lo llaman *eternidad* (...) la paradójica conjunción de temporalidad y eternidad ha perturbado al hombre en todas las épocas".

Platón afirmó que el mundo fugaz de la experiencia diaria es solo semirreal, un reflejo efímero de un reino intemporal de formas perfectas y eternas; para Plotino, existir en el tiempo es existir de forma imperfecta, y es lo que en realidad nos separa de la realidad absoluta y verdadera (es decir, la mortalidad). San Agustín sitúa a Dios en el reino de la eternidad, ese "presente inacabable en el que se perciben todos los instantes a la vez; es el caso de las experiencias místicas y religiosas, intemporal no en el sentido de duración sin fin, sino en el sentido de complexión, que no requiere ni un antes ni un después" (Davies).

"¿Cómo reaccionaron los antiguos al reino de la temporalidad intemporal, perfecta, con la ansiedad producida por la mortalidad?" Para M. Eliade, el anhelo de escapar del tiempo se traduce en una búsqueda de esta "Tierra más allá del tiempo", e identifica al mito fundador de las culturas antiguas como respuesta y resultado "de la profunda necesidad humana de dar cuenta del origen de las cosas", hacia un tiempo antes del tiempo que explique por qué las cosas son como son. A su vez, la reactualización de los diferentes hechos primigenios, en el ámbito psicológico y mental, hace posible una relación efectiva con el mundo inmediato de lo mortal y lo intemporal, del que, presumiblemente, surgen las experiencias místicas y religiosas, a la vez que perpetúan las formas estructurales presentes en la naturaleza y la sociedad.

3. Concepciones de tiempo y mentalidades

A lo largo de la historia, han existido dos formas conocidas de percibir la experiencia de eventos a través del tiempo:

a) Como procesos repetitivos

b) Como procesos irreversibles

Esto da lugar a muchas formas de percepción o entender el tiempo en el conjunto de las sociedades humanas.

Levi-Strauss ha planteado que el tiempo irreversible o histórico no existe en las sociedades antiguas o apenas se percibe así. Afirmaba que los "mitos" y los "ritos" relacionados con el paso del tiempo pueden haber funcionado como marcadores del *proceso de regulación de la vida social*, que sirven principalmente como garantes de su continuidad en el tiempo al favorecer una vinculación directa del presente con el pasado y con el futuro, lo que enmarcaría la situación presente en intemporal (la percepción que de él tendríamos). Si bien, el "mito" sería el embrión de la noción de tiempo histórico. Por tanto, el concepto del tiempo sería, entonces un *producto cultural muy relacionado con la conciencia histórica dominante*, y el concepto de tiempo estaría vinculado a la *conciencia de identidad de grupo*, en la medida en que este prepara su futuro en referencia a su pasado. De esta forma, las diferentes concepciones variarían tanto de unas sociedades a otras como de la "microsociología" a la "macrosociología", propia de los grupos más pequeños y los más grandes respectivamente. Además, algunos estudiosos asocian ritmos específicos para cada estructura social, la cual interconectaría con el resto a través de diferentes circuitos e interrelaciones a los grupos según sus tamaños, escalonados, según duraciones cada vez mayores.

Pero, ¿Cuál es el origen de la noción de tiempo histórico en el individuo? Para Durkheim se halla, como ya apuntamos más arriba, en la vida social, ya que a través de su *intelectualización* como resultado de la vida en sociedad se crean un cierto número de instituciones que permiten marcar el tiempo y después medirlo: El ciclo de las estaciones, las fases de la Luna, los pasos del Sol, es en todas las religiones antiguas motivo de reuniones, danzas, cantos sagrados, festines y fiestas rituales. Su preparación, la espera de su vuelta y la carga emotiva que se añade a esta espera, y el ansia de lo sagrado que desencadenan, arraigan, según Durkheim, en las mentalidades el concepto de "regularidad" y "sucesión", conduciendo poco a poco en la noción de tiempo medible y matemático.

Todo ello respondía a una mayor necesidad de control sobre la naturaleza y sus nefastos factores impredecibles que, de otro modo, interferían en el crecimiento regular de las cosechas, etc. A este respecto, Whitrow afirma que "la sucesión de fenómenos y fases naturales constituyó la prueba definitiva para la *interpretación dramática del Universo*. La naturaleza fue considerada entre los poderes cósmicos divinos y los poderes demoníacos caóticos, en la que los humanos, no solo eran espectadores, sino que estaban obligados a jugar un papel activo ayudando a producirse los fenómenos necesarios al actuar en completo acuerdo con la naturaleza. Esto implicaba perpetuar su conjunto dado de rituales en la época apropiada". De ello podría ser un claro ejemplo Hesiodo [*].

¿Qué implicaciones tenían, entonces, los rituales en la concepción temporal? Como dijimos anteriormente al hablar de Durkheim, el ser humano por medio de estos ritos regulares en el tiempo, la "racionalización" del tiempo comunitario en forma de instituciones sobre la base de una mayor necesidad de control a través de los ritos, encontrando en ellos gran parte de su justificación y perpetuación las instituciones

[*] Whitrow: "El tiempo en la historia". Crítica.

formadas en torno a estos. Y, en relación con ello, no hemos de olvidar que, a la vez que estas instituciones se sirven de los rituales "in illo tempore" para perpetuarse, son susceptibles a su vez de ser influenciadas por los cambios en la concepción temporal, que al verse modificadas por diferentes causas, como por ejemplo las variaciones climáticas o el aumento demográfico prolongados, acaban desembocando en "desfases" que conllevan una transformación de las estructuras y a una "readaptación" en todos los ámbitos sociales a las nuevas circunstancias.

Mircea Eliade, en su libro "lo sagrado y lo profano", va más allá que nadie a la hora de valorar el *mito* y sus repercusiones sociales, ya que es según los ritos de la conmemoración de los hechos primigenios de la sociedad, a través de los participantes en el ritual, se da a sí misma una "justificación moral" de su existencia. Según sus palabras textuales: "La memoria personal no entra en juego, Lo que cuenta es rememorar el acontecimiento mítico, el único digno de interés, porque es el único *creador*. Al mito primordial le corresponde el conservar la verdadera historia, la historia de la condición humana: En él hay que buscar y reencontrar los principios y paradigmas de toda conducta". Aunque quizás sea en realidad algo exagerada esta afirmación, Eliade afirma que es preciso no olvidar, ya que el verdadero "pecado original" es el olvido colectivo, y aquel que "subjetiva" sus acciones se hace a sí mismo "tabú".

En definitiva, sería en la rememoración del "héroe-mito fundacional" en el que el hombre llega a ser tal en las sociedades antiguas.

En el mundo occidental, al que pertenecemos, es en la Grecia de entre el 800 y el 200 a.C. cuando se producen los avances filosóficos, basados en la razón, así como el pensamiento especulativo, con tendencia al propio *antropocentrismo*. Sobre todo de los sistemas más sobresalientes y que más fuertemente nos han influenciado: Platonismo y Aristotelismo. El uno con su introspección (novedad hasta Sócrates, fuente de la que bebe Platón), así como el afán ético y humanístico de Aristóteles por la perfección de la existencia humana. Posteriormente, la cultura cristiana también tratará esta problemática antropocéntrica introspectiva, pero basando sus bagajes en la esencia del "pecado", su existencia y sus consecuencias. Pero no serán los únicos, como veremos más adelante, en tratar la problemática del hombre para el hombre, sino que ha sido una constante desde hace, al menos, 10000 años, tanto en Oriente como en Occidente. Sobre esta base o gran incógnita de "¿Qué soy yo?", el hombre respondió de diferentes, pero a la vez similares (vistos desde la perspectiva histórica) maneras, desde que el ser humano es tal: La religión, y sobre ella pesarían, por tanto, las construcciones adyacentes a la organización de las sociedades humanas, en su ansia, en definitiva, de situarse dentro del espacio y el tiempo de una forma que, ellos mismos, comprendiesen.

Pero no sólo la gran pregunta del extrañamiento del propio yo (o la pregunta de "¿Qué soy yo?"), sino la creencia en una vida más allá de la vida, así como la observación de la naturaleza, conformarían lo que habitualmente los historiadores franceses denominan comúnmente "imaginario colectivo".

Las estructuras mentales

Según Bouthoul:

"Desde el punto de vista psicológico, en el sentido más amplio de la palabra, una sociedad es un grupo de personas con una mentalidad análoga, que admiten los mismos valores y se gobiernan por el mismo sentido común. Se pertenece a una sociedad en la medida en que se participa de su mentalidad (...) El lazo psicológico que proviene de esta identidad de pensamiento es, a veces, más fuerte que los lazos físicos".

"Las estructuras sociales y las instituciones tienen siempre un contexto psicológico en el pensamiento de los hombres que las viven, ya que para que aquellas hagan su función eficientemente han de actuar en el pensamiento de los hombres" (Bouthoul, G: "Biología social").

Según Compte se pueden clasificar los *tipos de mentalidad* según su "Cosmogonía"; es decir, el conjunto de las explicaciones que definen la comprensión del Universo, en:

a) Mentalidad mítica
b) Mentalidad dogmática
c) Mentalidad experimental

La "mentalidad mítica" es aquella propia de las organizaciones sociales concebidas como proyecciones de los mitos y leyendas fundacionales y heroicas, reflejo de la jerarquía y la organización social existentes, de tal modo que las estructuras mentales se amolden a la perfección a la figuración imaginaria.

La "mentalidad dogmática" se caracteriza por eso mismo: El dogmatismo inapelable de ciertas doctrinas, formuladas en forma de mensajes directamente inspirados por la divinidad a unos hombres determinados, que hablan en su nombre.

La "mentalidad experimental" es aquella que renuncia a creer que las reglas de nuestro pensamiento corresponden a las del Universo. La *imaginación* (¿debiéramos, tal vez, decir "razón"?) abandona su papel de creadora de mitos o de dogmas para convertirse en creadora de hipótesis; las ciencias, las instituciones sociales y los valores son puestos en tela de juicio, intentando influir en ellos en virtud de sus intereses científicos o de cualquier otro tipo.

Está claro que las mentalidades no son estáticas, sino que tienen una dinámica factorizada por varios elementos, tales como la *transmisión*, que puede ser por medio de la "coacción" o por "imitación", así como el *olvido colectivo* que, para Bouthoul, depende en gran medida del "coeficiente de credibilidad" que posea, según su eficiencia, una hipótesis o explicación cosmológica determinada, que conforma la mentalidad en cuestión.

Debemos preguntarnos acerca de *cómo se forma un tipo de mentalidad*, así como de qué forma arraigan unos determinados conceptos en el grueso de la población, con especial interés por el concepto de tiempo.

Para Bouthoul, y otros como Haken, la formación de la "opinión pública" se ve precedida por la creación de nuevos valores de la mano de individuos dotados para ello y que, por medio de los modos de comunicación a su alcance, va avanzando entre los diferentes individuos de la sociedad y calando en su seno, pasando progresivamente estos elementos a convertirse en elementos de curso común entre los individuos. Haken resalta el uso de los "estereotipos" y frases hechas, tan comunes entre los filósofos griegos, y que paulatinamente conforman una "opinión pública" diferenciada de las otras con las que no ha tenido contacto, y que, presumiblemente, mantienen su propia dinámica mental colectiva: "Dos factores favorecen ante todo la manera unitaria de pensar: Por una parte, los recursos limitados, esto es, el número limitado de informaciones o tendencias que pueden llegar a comunicarse. Esto lleva aparejada necesariamente una fuerte reducción de la complejidad del mundo real, que queda transformando en una ficción (...) La otra es que, en la esfera espiritual, el "estereotipo" se convierte en una moneda de uso corriente, que se emplea una y otra vez y mediante la cual termina por imponerse determinada opinión contra la competencia".

Haken apunta, además, que los cambios de opinión "vienen preparados por los hechos externos", como los cambios en la situación económica, los cambios ambientales, etc. que pueden minar la confianza en una opinión sustentada hasta entonces; en otras palabras, el sistema se desestabiliza. Señala que "sin embargo, a menudo no está nada claro en qué dirección se debe continuar. Y ésta dependerá siempre de unos pocos, que trazarán la nueva senda. Un grupo aislado, una vanguardia o unos revolucionarios, a veces incluso un solo hombre".

La opinión pública no solo influye en la opinión popular, sino que también lo hace en el gobierno, ya que "en la opinión se sustenta el gobierno" (Hume), y es entonces cuando el poder intenta reorganizar su estructura o acaba sucumbiendo bajo la presión social a favor de una nueva forma de organización más acorde con las necesidades de la sociedad, indispuesta a seguir defendiendo un sistema del que recibe menos de lo que da.

En definitiva, y para terminar este apartado, podemos recoger lo que Renfrew y Bahn entienden por "mapas cognitivos", y de cómo, partiendo del hecho de que "El ser humano aparece acompañado de un mapa cognitivo personal (...). El individuo responde tanto a las impresiones sensitivas percibidas inmediatamente (observación de la naturaleza, "mundo exterior" en general), como a su mapa interno, que incluye una memoria del pasado y previsiones de futuro". Teniendo en cuenta que *el hombre piensa en el presente, hacia el pasado o hacia el futuro* (podríamos decir también "piensa en... desde el...") tendríamos la consecuencia de que, al ser este mapa cognitivo una esfera personal, pero generalizable, tanto en experiencias como en formas de pensar, de forma que "los individuos que conviven en una comunidad comparten en cierto modo la misma visión del mundo. Hasta cierto punto se puede hablar de un mapa cognitivo común para todo el grupo" (Renfrew y Bahn). ¿Quiere esto decir que los individuos de una comunidad comparten una misma realidad? filósofos contemporáneos como Axel Honneth creen que hay una "única realidad", "percibible" por la conciencia humana, en general; otros creen que estamos ante una subjetividad absoluta que nos "extraña" del mundo y nos aísla del resto de los seres humanos (Sartre y otros existencialistas). En cualquier caso, y según Renfrew y Bahn, existe una "visión compartida del mundo", que forma parte indisoluble con y de la comunidad. Pero serían "productos de la mente humana" -si bien no para autores como Honneth- (¿al expandirse en un pasado común?¿al percibir una realidad presente igual y/o similar?¿al proyectarse hacia un futuro esperanzador?), conformando esta "visión compartida".

El equilibrio interno de las mentalidades

Siguiendo a Bouthoul, una mentalidad constituye un verdadero edificio lógico, de forma que se advierten dos posiciones con respecto a ellas, en constante competencia:

- Por un lado, se tiende a estabilizar esforzándose por eliminar toda novedad que pueda afectar a la armonía de la estructura social, intentando ser además lo más impermeable posible a influencias y experiencias novedosas, consciente de que toda variación, aunque sea parcial, de la mentalidad repercute sobre el conjunto de las formas.

- Del otro, lo que Bouthoul denomina "invención", que engendra nuevas e imprevistas formas de relación y de la vida social.

"Desde el punto de vista psicológico -apunta Bouthoul- la *invención* se ve favorecida por un cierto liberalismo de las estructuras; es lo que Bergson llama "sociedades abiertas". Aquellas sociedades cuya vida está llena de prohibiciones y censuras, cuyas actividades están reguladas completamente por ritos minuciosos y preceptos religiosos, son completamente ineptas para la invención (...) El cristianismo, siendo la única religión que ha separado el mundo sacro del mundo profano, permitiendo toda la libertad en el terreno material, ha sido el único que la ha posibilitado".

"El cristianismo -escribe Eliade- ha renovado, efectivamente, la experiencia y el concepto de "tiempo litúrgico" al afirmar la *historicidad* de la persona de Cristo. Para el creyente la liturgia se desarrolla en un tiempo histórico (eso sí, "santificado") por la encarnación del hijo de Dios. El tiempo sagrado, reactualizado periódicamente en las religiones precristianas (sobre todo en las religiones arcaicas), es un "tiempo mítico, primordial" (inidentificable con el pasado histórico), un "tiempo original" en el sentido de que ha surgido "de golpe", de que no le precedía ningún tiempo, porque no podía existir tiempo alguno antes de la realidad relatada por el mito". Se trata, en definitiva, de la introducción del concepto de *progreso histórico* o, mejor, "devenir" histórico ya que, según creencias, éste podía ser también tratado como "decadencia".

Como apunta Whitrow, "aun después del s. V a. C., a excepción de ciertos escritores, pocos tenían alguna creencia sobre la idea de "progreso" entre pueblos como los griegos. De hecho, el griego típico tendía a mirar hacia atrás".

Así pues, no extrañe que todavía Platón pensara que todo "progreso" consistía en intentar aproximarse a un modelo preexistente en el Mundo Intemporal. Aristóteles creía que el progreso era la realización de lo ya existente en potencia. No es de extrañar, por tanto, que las principales escuelas filosóficas tendieran a rechazar la idea de "progreso" y a sostener ideas cíclicas sobre la naturaleza del tiempo.

En todas las religiones anteriores a la época de la Atenas democrática, a mi parecer, tanto en Oriente como en Occidente, vienen definidas en un universo en el cual se percibe el paso del tiempo como un *eterno retorno*, definido conceptualmente por M. Eliade de la siguiente forma: "El devenir cósmico en su totalidad y, por tanto, la duración del mundo, se desarrollan en círculo o según una sucesión indefinida de ciclos en cuyo transcurso la misma realidad se hace, se deshace, se rehace, conforme a una "ley". No sólo la misma noción de "ser" se conserva sin que nada se pierda ni se cree, sino que algunos pensadores de la antigüedad agonizante llegaron incluso a admitir que en el interior de cada uno de esos ciclos de duración se reproducen las mismas situaciones que se produjeron ya en los ciclos anteriores y se reproducirán en los siglos subsiguientes, y esto hasta el infinito".

Así pues, el tiempo circular, reversible y recuperable mediante "rituales". En los cuales, puede decirse que el "presente histórico", vivido como "conciencia de duración", es denigrado a favor de actos que igualarían, en cierto modo, al individuo con la divinidad. De este modo, la vida estaría plenamente conectada con el pasado (mítico).

Eliade también señala que "un psicólogo moderno sentiría la tentación de descubrir en un comportamiento de esta índole la angustia ante el riesgo de la novedad", de cualquier tipo; la negativa a asumir la responsabilidad de una vida "histórica", con todo lo que conlleva. "Observemos -prosigue- que, sin embargo, por el contrario, asume valerosamente responsabilidades enormes... pero se trata de otras "responsabilidades en el plano cósmico", como es la de asegurar las "formas preexistentes y eternas", dadas por seres perfectos e intemporales". Esto les lleva también "a un deseo de vivir en un mundo tan fresco, puro y fuerte como lo fue en los tiempos de la perfección de los comienzos".

Esto, el *recurso a la mitología*, desarmaría así el efecto del tiempo y la noción de ser arrastrado por él contra su voluntad, poniendo el tiempo *bajo su control*. En definitiva, el contacto con este "tiempo sagrado" era identificado con "regeneración" y "renovación" de las formas.

El concepto de "hybris"

Definido a mi entender en la Grecia homérica, hay un concepto extremadamente clarificador acerca de la necesidad de la religión concreta de los pueblos pre-democrático-atenienses (s. V a.C.), tanto en el Próximo Oriente como en Egipto, y la Grecia Minoica, Micénica y "Homérica"; sus formas, diferentes, pero convergentes en algunos puntos, nos dan una idea de lo que pudieron ser conceptos traspasados de unas culturas a otras en forma de tradiciones orales transmitidas por mercaderes, o por otras personas. Por influencias culturales, en definitiva.

Pues bien: Antes de pasar a analizar las costumbres religiosas de estos pueblos tan diferentes en muchos sentidos caso por caso, me gustaría explicar, para que quede claro, el concepto y significado de la palabra "hybris", lo que significaba para los antiguos, y su extraordinaria importancia, a mi entender, a la hora de analizar el universo mental de estas civilizaciones: La "hybris" es la desmesura que entraña desorden; la "hybris" lleva a los hombres a provocar a los dioses, a situarse por encima de la ley; para los griegos de la época homérica y posteriores, la "hybris" era el mal, el desorden, la anarquía, el sufrimiento de casi todos en beneficio de unos pocos. Es a lo que se temía.

Esto, que parece tener más bien contener una concepción espacial (como así afirma Whitrow), ¿no podría contener una concepción temporal? ¿No podría ser como "el árbol de la ciencia" del que comió Eva y después Adán para los judeocristianos? Si así fuera, sería susceptible de pensarse que, los griegos, tendrían por "hybris" a todo aquello que significase "cambio", pues todo movimiento es susceptible de provocar otro movimiento. En palabras de Haken: "¿Cómo puede definirse el desorden? ¿Cuándo se dice, por ejemplo, que la habitación de un niño está desordenada? Cuando no está arreglada, es decir, cuando los diversos objetos no se hallan en el lugar que les corresponde". Si por el contrario todos los objetos se hallan en lugar que tienen "asignado", tendremos ante nuestros ojos el estado de habitación arreglada, es decir, de orden". En el plano político correspondería, según Touchard, al "abuso de la fuerza".

Otra de las ideas fundamentales sería la *lucha constante entre los contrarios*, en un conflicto eterno de éstos, complementarios y necesarios.

Y, sin embargo, este mundo de conflicto no es caos, sino que está gobernado "eternamente" por un orden o equilibrio de contrarios, según la definición de Heráclito. Se observa, de nuevo, el intento de escapar de la "hybris". Sin duda, y como explica Whitrow: "Esta idea fue sugerida por el ciclo de las estaciones, por su conflicto alternativo entre lo frío y el calor, lo húmedo y lo seco; cada uno de éstos progresa en una "injusta agresión" a expensas de su contrario y entonces paga el castigo, retirándose antes del contraataque del otro, pues el objetivo del ciclo es *mantener el equilibrio de la justicia*. La hipótesis fundamental será que el tiempo siempre descubre y venga cualquier acto de injusticia. Apasionante tema, expresado por Heráclito y Anaximandro en los preliminares de la Atenas democrática, y con el que espero haber clarificado algo más la idea del tiempo y sus implicaciones religiosas, morales y políticas en una época, la Homérica, en la que apenas hay material que investigar. Ciertamente, Homero y Hesiodo postulan ideas políticas, pero, por falta de conocimientos sobre las civilizaciones a que se refieren, no ha lugar a una investigación más profunda. De cualquier forma, autores posteriores desarrollarán amplios comentarios sobre estos autores, que podríamos denominar como la "base" de la cultura auténticamente griega.

Existe, sin embargo, y referente todavía al "tiempo cíclico", gran diferencia entre un tipo de regeneración cósmica y un universo que se repite a sí mismo indefinidamente en cada detalle. Esto sería llevado a sus últimas consecuencias por el "estoicismo", quienes creían en la "palingenesia": La reaparición literal de personas y sucesos ciclo tras ciclo. Posiblemente la idea de Heráclito del *Gran Año*, para quien éste significaba el principio del mundo desde su formación hasta su destrucción y renacimiento ("El Universo se originó por el fuego, y por el fuego llegará a su fin") y la de Platón, según el cual el "Gran Año" era la restitución de las formas celestes conforme a sus posiciones originales, los estoicos crearan una concepción de que, cuando los cuerpos celestes regresen a intervalos fijos de tiempo a las mismas posiciones relativas que habían ocupado al principio del mundo, todo sería restaurado tal y como se encontraba antes y el ciclo completo sería renovado con todo detalle.

Aristóteles, en cambio, hizo especial hincapié en los estados entre los cuales tiene lugar el cambio y, aunque su filosofía estaba dominada por la idea de la "permanencia en el tiempo", introdujo la *noción de cambio* como algo innato y esencialmente *irrepetible*. Rechazaba la identificación platónica del tiempo con el movimiento circular del cielo, pero sí consideraba a éste último como el perfecto ejemplo de movimiento uniforme y, en consecuencia, proporcionaba la perfecta medida del tiempo, y relacionaba íntimamente la noción de "tiempo" con la de "movimiento". De esta forma, Aristóteles separó la noción de "tiempo cíclico" de la de "movimiento cíclico", libre y voluntario. De ahí su oposición al determinismo estricto.

Por su parte, los primeros "pitagóricos" (Pitágoras, s. VI a.C.) consideraban que el número tenía consideración espacial y temporal, de modo que el tiempo era medible en la medida en que el proceso cosmológico que iba desde la creación hasta la destrucción -cíclica- del Universo se identificó con la generación de números a partir de una unidad inicial, la "mónada". Al tiempo, se creó uno de los primeros relojes: El "gnomon". Para Pitágoras, el tiempo era el elemento procreador del universo espacial, introduciendo así los primeros elementos de la irreversibilidad del tiempo, si bien dentro de una concepción global cíclica.

De forma que podemos afirmar que los griegos nos legaron la suposición de que el mundo es ordenado y racional, y puede ser comprendido por el razonamiento humano; pero fue del *judaísmo* de donde vino el concepto de tiempo en progresión, tan capital para la visión científica del mundo. Y es que, en contraste con la noción dominante de tiempo cíclico de sus antecesores, los judíos llegaron a creer en un *tiempo lineal*; un credo inicial de la fe judía, posteriormente heredado por el cristianismo y por el Islam, era el de "proceso histórico", en el que el plan de Dios se despliega siguiendo una secuencia temporal definida. En este sistema de creencias, el Universo fue creado por dios en un instante definido en el pasado y en un estado muy diferente del que existe hoy. La sucesión teológica de acontecimientos -creación, caída, redención, juicio, resurrección- corre en paralelo con una secuencia dirigida por Dios de acontecimientos físicos.

Más importante resulta el hecho de que, este concepto de tiempo lineal, lleva consigo la implicación de una "flecha del tiempo" que apunta *desde el pasado hacia el futuro*, e indica la direccionalidad de sucesos. La Biblia narra la historia de un Mundo que empieza en un estado de perfección -el "jardín del Edén"- y degenera como resultado del pecado del hombre. Sin embargo, un componente básico del judaísmo, del cristianismo y del Islam es un mensaje de esperanza, de creencia en una mejora personal y en la eventual salvación de la humanidad, lo que de alguna manera *ayuda al individuo a escapar de la agonía determinista.*

No obstante, estas creencias, al igual que la mayoría de en las culturas antiguas, veían el Cosmos como un caprichoso organismo vivo, sujeto a ciclos y ritmos sutiles devastados por poderes sobrenaturales (y así continuó hasta... ¡Newton!, a finales del siglo XVII, el cual fue capaz de calcular el movimiento de la Luna, los planetas y las trayectorias de proyectiles y otros cuerpos celestes, de forma que la imagen del Cosmos pasó a configurarse como un gigantesco mecanismo de relojería, en el cual transcurría el tiempo de un modo uniforme y matemáticamente preciso. Y luego llegó Einstein...).

Como dijimos anteriormente, la noción de "tiempo histórico" no puede separase del concepto de duración, de conciencia histórica en el sentido de que éste permite romper la estabilidad infinita o linealidad del tiempo, estableciendo *lazos* entre el pasado, el presente y el futuro. Como dijo Agustín De Hipona: "Pero estos dos tiempos, pasado y futuro, ¿cómo pueden existir si el pasado ya no es y el futuro no existe todavía? En cuanto al presente, si siempre fuera presente y no se convirtiera en pasado, ya no sería tiempo sino eternidad". Ahora bien, esta "realidad innatamente percibida" *-el paso del tiempo-,* también es aplicable al Universo cíclico, y no solo al Universo lineal introducido por el judaísmo antes de la aparición de éste.

Como afirma Eddelstein, existieron filósofos, así como historiadores y científicos (sobre todo a partir del s. V a. C.) que distinguían entre la repetición cósmica que implicaba la destrucción completa del Universo y su recreación exacta, de la repetición "histórica" que implicaba no sólo la repetición del modelo general de acontecimientos. De esta forma, o de cualquier otra, hasta el s. V a. C., los griegos creían que los *acontecimientos recientes* carecían de importancia comparados con las proezas de los héroes de, por ejemplo, La Guerra de Troya; la "historiografía" surgió al acaecer un acontecimiento que, por su magnitud, podía compararse a los hechos más celebrados de las leyendas. Por consiguiente, en su origen, la tarea de los *historiadores griegos* no era explicar el presente en términos de pasado, sino asegurar que acciones y hechos significativos no fueran olvidados. Por consiguiente, en sus orígenes, la historiografía estaba más próxima a la poesía épica que a la filosofía, y en su función conservaba la conmemoración de hechos pasados.

Como apunta Whitrow, "las dificultades contra las que los "padres de la historia", Herodoto y Tucídides, tuvieron que enfrentarse, fueron formidables: Los griegos sabían asombrosamente poco sobre su propio pasado. Como su interés por el pasado era sobre todo moral, el conocimiento preciso de lo ocurrido no era necesario". De esta forma, se advierte que "pese a que Homero trató con fidelidad los sujetos históricos, la suya era una historia "aristocrática", que no implicaba cronología ni continuidad temporal (...) mientras que, en la época de Herodoto y Tucídides, la vida en la "polis" no consistía en episodios aislados llevados a cabo por héroes, sino que dependía de la continuidad de las instituciones, leyes, contratos, y expectativas de forma que se puede afirmar que el paso del tiempo había adquirido más relevancia".

Otro hecho que hace pensar a J. De Romilly, profesora de literatura de La Sorbona, sobre una concepción más "histórica" del tiempo es la aparición de *la tragedia*, allá por el s. V a. C. Esta autora indica que la tragedia implica el pasado de forma que se centra en un solo problema que se hace más y más urgente, hasta que culmina en crimen; su fuerza reside en su contraste entre el "antes" y el "después".

Por último, y no por ello menos importante, el *contacto con otras naciones* como Egipto condujo a una mayor conciencia del pasado, debido al testimonio de largos periodos de tiempo que presentaban, por ejemplo, las pirámides; en consecuencia, muchos escritores del s. V a. C. y posteriores se dieron cuenta de que su propia sociedad era el producto final de un largo período de "progreso", lo que contribuyó a desmitificar las leyendas.

Por su parte, Aristóteles creía que el "determinismo estricto" debía rechazarse, porque destruye la base natural que permite distinguir las acciones voluntarias de las involuntarias. Epicuro (342-270 a.C.) defendió la existencia del "azar" y el "libre albedrío", en parte porque creía que existe una espontaneidad innata en el hombre para generar acciones; y, ya en la Antigüedad tardía, tanto Plutarco como Alejandro De Afrodisia siguieron la misma línea. Este último dijo acerca de las obras de arte: "No parecen haber sido producidas por la necesidad, pues en verdad hacen cada una de ellas -los artistas-, pero tienen igual libertad para no hacerlas".

Existía una importante tradición relativa a una *"Edad Dorada"*, con un pasado remoto en lo que se refiere a la historia del género humano. El primer relato que existe sobre esto se encuentra en "Los trabajos y los días", de Hesíodo (700 a. C.), el cual se refería más bien a una "raza dorada" caracterizada por la "ausencia de miedos". Contrariando al pensamiento progresista, Hesíodo consideraba a la última de las edades (la presente "Edad de Hierro") como la menos civilizada. Hacia el período clásico, sin embargo, el mito de la "Edad de Oro" había dejado paso a la idea contraria de que la primera condición del hombre era "peligrosa, brutal y corta", según Mosquion (s. III a. C.).

Como podemos observar, las ideas de una cierta incidencia sobre el tiempo, que implica "tiempo histórico" y "devenir", más o menos maleable por los actos de los hombres y las instituciones sociales por las que se gobiernan, iba introduciéndose progresivamente en la sociedad griega. Podemos concluir diciendo que, más bien, la extraordinaria fuerza de las ideas cíclicas sobre el tiempo sería consecuencia de los intentos de autoperpetuación en el tiempo de una estructura social determinada. Así lo ven, por ejemplo, Compte y Marx, dos de los más destacados alumnos del positivismo (el primero) y del materialismo (el segundo), que teniendo en común la defensa de una progresiva liberación del hombre, acaban situándolo en un fin sociológico anclado en el más puro estatismo; una "situación final, perfecta y definitiva", quedando sometido a la cultura dominante y, por tanto, al estatismo en cuanto a sus actitudes como ser histórico, imagen de sometimiento y resignación. "El hombre pierde el ritmo dinámico y espontáneo, a causa de una adaptación impuesta por necesidad; deja de ejercitar sus facultades individuales de conocimiento y acción, para modificarse o asentir consciente y selectivamente" (Farre). Este autor sitúa la maniobra liberadora en el contexto "simbólico", situando en el tiempo el sentido espiritual (yo diría mejor "consciente") que, en parte individualmente, en parte como "animales culturales" que somos, le demos a los fenómenos que acaecen en el tiempo.... y en el *espacio* porque: "¿Qué sería del tiempo a solas sino un vacío transcurrir?"; el tiempo afecta a algo o es en algo o en alguien. Otra cosa es que el hombre, con sus ensoñaciones, visiones, anhelos y fantasías, haga como que trasciende el tiempo, pero un hombre no deja de ser un "punto concéntrico" en el Universo tempo-espacial, como ahora sabemos. Mas los antiguos no lo sabían, y puede que en eso resida su principal atractivo.

INTRODUCCIÓN A LAS RELIGIONES ANTIGUAS

La religión egipcia.-

Para los griegos, "Los egipcios eran los más religiosos de los hombres", tanto en las fases de la vida "mundana" como en las creencias en un Más Allá, parte ésta última por la que son mundialmente conocidos religiosamente hablando. Pero en realidad hay mucho más que los ritos postmortem, como la momificación.

Formalmente, aunque aún se discute, se cree con más probabilidad en una religión politeísta, con diversos dioses provenientes de cada una de las ciudades importantes de Egipto, de épocas prehistóricas. Luego veremos con más detalle a uno de los principales culpables de que se acuse por algunos a la religión egipcia de monoteísta, como es el "Cisma de Akhenatón".

La religión egipcia incluía los aspectos científicos y metafísicos necesarios para la existencia de la civilización, por lo que no es de extrañar, por tanto, su extraordinaria importancia, sin despreciar tampoco "viejas historias" de héroes y otros hechos históricos o supuestamente históricos.

En cualquier caso, parece claro que, a los dioses locales de los diferentes "nomos" o ciudades egipcias, habría que añadir también la introducción de dioses procedentes de otras civilizaciones, como las semíticas y las africanas.

Citaremos seguidamente la gran "Enéada heliopolitana" que conformaba la base del panteón egipcio: Todo arranca con el dios solar heliopolitano Atum, como el creador universal, que existía ya antes de los comienzos. De él mismo, de su única persona, extrajo la primera pareja: Shu, dios del aire, y Tefnet, diosa del vacío, de los que nacieron Geb (la tierra) y Nut (el cielo que, a diferencia del anterior, era de signo femenino), separados por Nut, que separó los elementos; de Nut y Geb nacieron otras parejas: Osiris (el Nilo) e Isis (el suelo fecundado), Set (el desierto) Y Nephtys. Todos ellos conforman el origen de todas las cosas (incluidos el resto de dioses). Atum, en su condición de "Verbo creador" de todas las cosas, no sólo ha creado todo, sino que mantiene la creación continua de todo lo que existe para el egipcio. La palabra creadora adquiere el aspecto de Horus, como dios activo de la creación. Los dioses creados por Atum siguen la disciplina que rige el Universo, sometiéndose a ella. Es el escape al concepto y las consecuencias de la "hybris", representado sobre todo en el mito de Apophis, el cual está, a mi parecer, íntimamente relacionado con la huida de la "hybris" experimentada por esta civilización, como acabo de hacer notar.

En cuanto a las creencias en la "muerte y resurrección", de enorme importancia en las creencias religiosas de Egipto, cobra especial relevancia el "mito de Osiris", dios de origen agrario que regía la agricultura y, por tanto, el sustento de la civilización, así como, por ejemplo, la metalurgia (minería), al ser Osiris el amo y señor de la tierra (en sustitución de Shu). Por su parte, el dios Thot creó las letras y las artes. Anubis y Upuat eran dioses guerreros que (procedentes de otros nomos) acompañaban a Osiris. En su relación con Seth, muchos ven, en su origen, las luchas entre el Alto y el Bajo Egipto; en cualquier caso, parece claro el origen agrario de este mito tan importante, así como con el mundo de la "muerte", al que se enterraba bajo tierra. Osiris enseñó a todos los hombres a superar, del mismo modo, el "miedo a la muerte" de esta forma, mediante la creación en un florecimiento de la tierra.

El otro gran mito es el de Amon, dios de Tebas, tal vez la ciudad más importante del antiguo Egipto; pronto se identificó con el Sol, y se le otorgó la paternidad de los faraones, en sustitución de la Enéada heliopolitana. Para muchos, la tiranía de Tebas y, por tanto, del culto a Amon fue tal que provocó la "herejía de Akhenatón".

1. El Cisma de Aton, o la "herejía de Akhenatón"

Akhenatón fue faraón de Egipto desde 1372 hasta 1354 a.C., y adoptó este nombre, que significa "Atón está satisfecho", cuando trató de imponer como religión nacional el culto al dios solar.

Akhenatón trasladó la capital, Tebas, a un lugar más al Norte junto el río Nilo, que denominó "Akhenatón" (actualmente Tell el Amarna).

Veámoslo esto último desde el punto de vista que escribió Freud sobre los hechos (el cual considera monoteísta a Akhenatón o, como él mismo dice: "Convirtió la doctrina del dios universal en un monoteísmo"): "La persecución del rey cayó con mayor dureza sobre Amon, pero no sólo sobre este dios. En todas las comarcas del reino fueron cerrados los templos, prohibidos los servicios divinos, confiscados los bienes de los templos. Más aún: El celo del rey llegó a tal punto que llegó a revisar todos los documentos para hacer borrar de ellos la palabra "Dios", siempre que apareciera en plural. Nada de extraño tiene que estas medidas de Ikhnatón (como Freud le llama) despertaron una reacción de violencia fanática entre los sacerdotes sojuzgados y el pueblo descontento; estado de ánimo que pudo descargarse una vez muerto el rey. La religión de Aton no había llegado a ser popular, y probablemente no trascendiera de un pequeño círculo próximo al faraón".

Según parece, la reforma de Amenhotep IV estaba encaminada a quebrantar el poder de la casta sacerdotal, debido a la abundancia de ofrendas a Amón-Ra.

La nueva concepción religiosa se reflejó en las manifestaciones artísticas, que abandonaron el hieratismo anterior y adoptaron un estilo más realista y un tratamiento más íntimo de los temas.

2.-Características de Atón y su culto

Según Vázquez Hoys, Amenhotep IV o Akhenatón es conocido principalmente por el cambio que llevó a cabo en el año 2 de su reinado, sustituyendo el culto al dios Amon por el de Aton o disco solar (manteniéndose el culto a los dioses tradicionales, por lo que no se puede hablar de monoteísmo y sí tal vez de "panteísmo" o un "henoteísmo", con un dios más importante que desplaza a los demás). El panteísmo consiste en hacer de Aton, el disco solar, el demiurgo universal, pero no el único dios de Egipto. Como señala Vázquez Hoyz, "tal vez es más un panteísmo: Un solo dios es todo".

Al mismo tiempo, se advierte una dimensión religiosa más personal, con la vinculación directa del hombre a un dios, en cuyas manos ponía su destino.

El dios Aton no tenía necesidad de ser representado por estatuas, ya que estaba presente en todas las cosas. Se le figuraba con el disco solar cuyos rayos terminaban en manos que sujetaban la vida. El faraón no era sólo un sumo sacerdote, sino también su profeta.

Desde luego, el pretendido monoteísmo no existió, si bien se produce una fusión de competencias múltiples en el creador por excelencia, que es el Sol, según Grimal.

3.-Teorías acerca de la reforma de Akhenatón

En el libro de Vázquez Hoyz se advierten diversos autores que teorizan acerca del porqué de la reforma de Akhenatón.

Entre éstos podemos encontrar a Freud, que en su estudio "Moisés y el monoteísmo" afirma que fue el primer monoteísta de la historia.

Para Weigall (1880-1934), en cambio, fue un idealista que buscó en sus ideas religiosas la felicidad que le negaban sus condiciones físicas.

Para Gardiner (1879-1963) fue simplemente un fanático.

Para Pendlebury fue un maníaco religioso.

Para Granville (1900-1956) fue un joven indolente y romántico dominado por su madre.

Para Trigger, Kemp, O´connor y Lloyd promovió una religión monoteísta, y un hombre políticamente fuerte al cambiar el mapa político de Egipto.

Para Watterson instituyó una forma de monoteísmo solar.

Para Clayton, Akhenatón fue un enfermo, al quedar infértil en su edad madura, que sufría el sídrome de Frohlich.

Aparte de estos autores, podemos mencionar a Aldred, para el que el cisma de Amarna no es sino consecuencia de una orientación ideológica nueva y de los acontecimientos socio-políticos del momento.

Para Pee era un fanático.

Para Spiegel el origen hay que buscarlo en el excesivo poder de los sacerdotes de Amon.

Para Drioton era un soñador.

Para Pirenne era un absolutista adorador de un dios universal.

Para Wolf, el cambio tiene un origen más antiguo (culto Ra-Aton de la Dinastía V).

Grimal afirma que el pretendido monoteísmo no existió, ya que no se descarta a ningún otro dios.

4.-*El henoteísmo amarniano*

Hay autores que se preguntan acerca de dónde está lo auténticamente revolucionario en la obra y el pensamiento de Akhenatón.

Para algunos, el cambio se produce en la estructura mental, en el cambio de una lógica polivalente por una bivalente (esto es: Los dioses por dios).

Así pues, el henoteísmo no ha sido roto, afirmando autores como Davies y Stock que la religión de Aton adjudica también a las viejas divinidades Re, Harakhti y Shu un lugar privilegiado. De la misma forma, el sincretismo sigue vivo, como continuidad de lo anterior. Aton contiene "todo en sí mismo", "el único de Re".

Por otra parte la enciclopedia al uso define la palabra "panteísmo" como "sistema de los que creen que la totalidad del universo es el único dios". Tal fuese, tal vez, la concepción de Aton por Amenophis IV. Puede que, siendo todo una única cosa, el Ser se expande por emanación a partir de un centro (Aton) en una jerarquía de seres progresivamente inferiores por degradación, como afirma el panteísmo emanantista, que es posterior a Akhenatón pero que podría apuntar en la dirección indicada por algunos autores.

En su intento de reducir el monoteísmo judío a una interpretación de la religión de Amarna, Freud liga la influencia a través de Moisés, que pudo vivir en la época de Akhenatón.

Según Freud: "No es de creer que el derrumbamiento de la religión oficial de Aton hubiese puesto el definitivo punto final a la corriente monoteísta en Egipto (hay que tener en cuenta que para Freud Akhenatón era monoteísta). La escala sacerdotal de "On", de la que había surgido, sobrevivió a la catástrofe y su ideología seguramente siguió influyendo sobre generaciones enteras posteriores a Akhenatón". Con ello, liga ambas empresas religiosas. De cualquier forma (prosigue Freud) "las tribus judías, adoptaron en determinado momento una nueva religión", pero apunta que no fue en Egipto, ni tampoco en el Sinaí.

"Jahvé es, con seguridad, un dios volcánico. Pero, como sabemos, no existían volcanes, y tampoco las montañas del Sinaí han tenido nunca tal carácter". Y finaliza:

"El mediador entre el dios y el pueblo, el que instituyó la nueva religión, es identificado por Moisés.

Amenothep jamás renegó su adhesión al culto solar de "On" (...) en los dos himnos a Aton que nos han trasmitido las tradiciones (...) con fervor tal, que sólo tiene parangón en los salmos al dios judío Jahvé (...)"

(...) Pero no haríamos justicia al rey si lo considerásemos como canto prosélito y fomentador de una religión de Aton ya existente".

Los ciclos sumerio-acadio, asirio-babilónico e hitita, se influencian especialmente en el tiempo, superponiéndose.

Hay que tener en cuenta que, supuestamente, los primeros habitantes del Asia Fértil (entre el Tigris y el Éufrates), procedían muy posiblemente del Asia central. Trajeron consigo sus creencias, que, como hemos dicho antes, influenciarían largo tiempo. Esta religión, originariamente naturalista, siguió un camino de individuación, para acabar antropormorfizándose.

La Tierra, en la cosmogonía de los sumerios, era plana y con montañas, y estaba rodeada por un infinito mar, el cual era primigenio, que recibe el nombre de dios Apsu, en el caso de que sea el mar de aguas dulces, o Tiamat, en el caso de que sean saladas, principios caóticos y todopoderosos de los cuales han nacido el resto de dioses que habitan la tierra. Lahmu y Lahamu era el nombre que recibían los dos primeros seres que habitaban la Tierra, mientras que los principios celeste y terrestre eran Ashar y Kishar, respectivamente. Finalmente, Anu (dios del cielo), Enlil (dios del aire) y Ea (o Enki), dominaba el océano primordial. Anu era el padre de todos los dioses, mientras Ishtar era su hija, diosa del amor fecundo y voluptuoso. En tiempos de Hammurabi, el modesto dios de Babilonia Marduk sustituyó al todopoderoso Anu.

En cuanto a los hombres, Enlil es su señor, y los confía a los príncipes para dirigirlos por los caminos de la justicia. Los príncipes, a su vez, son supervisados en sus funciones por la "tríada menor": Sin, dios de la Luna, y sus hijos: Shamash, divinidad del Sol, e Ishtar, diosa del planeta Venus. Aparte de éstos, hay innumerables dioses, así como héroes míticos elevados a la categoría de dioses.

Aparte de la historia del diluvio universal, así como de la epopeya de Gilgamesh, la religión sumerio-acadia ofrece una fuerte organización y centralización en torno a los templos: El "Rey" era el sumo sacerdote, mientras que los santuarios secundarios tuvieron también sus propios sacerdotes.

Al igual que los egipcios, los sumerios creían también en una vida del "más allá" pero, a diferencia de los egipcios, las almas de los difuntos vagan, según su suerte, en un país oscuro y frío, mientras que los más ricos gozan de un lecho y beben agua pura, sin más privilegios.

Existían, además, adivinos, encargados de rebelar la voluntad de los dioses, y, ni que decir tiene, que el mantenimiento de esta elite religiosa estaba basada en una creencia generalizada en el equilibrio de los contrarios, así como la huida del caos, y que en realidad escondía los privilegios materiales de los sacerdotes (y las sacerdotisas, que también las había).

Los mismos fenicios fueron colonizadores de estas tierras que comprendían una estrecha franja costera entre la cordillera del Líbano y el Mediterráneo, "el promontorio del Carmelo al sur y la isleta de Arado al Norte", a comienzos del III milenio a.C. En el I milenio la hegemonía pasó a Tiro. Su dominio del mar y su carácter de economía comercial hizo que entrasen en contacto con múltiples civilizaciones más o menos alejadas, según los casos.

Al igual que sus predecesores los cananeos, así como los mesopotámicos y los semíticos, la característica fundamental es su culto a la naturaleza (árboles, montes...), siendo el poder de los dioses personificado en un fenómeno natural, lo que les llevaba (a los dioses) a tener un carácter local mayormente.

La cosmogonía, o creación del Universo es semejante a otras religiones anteriores: La creación de lo "formado" tras lo "informe o caótico", representado en este caso mediante un viento oscuro y tempestuoso, que representa las tinieblas, que, relacionándose consigo mismo, dio origen a todo lo existente en el Universo y en la Tierra. Así, la primera pareja de seres humanos se llamaron Colpias (varón) y Baay (mujer), de los que descienden todos los mortales corrientes, que fueron creando progresivamente todas las artes de la agricultura, la metalurgia, etc.

Aunque existieron dioses de carácter general para todos los fenicios (como Baal o Sukhet), destaca entre todos ellos Melcart, dios de la ciudad de Tiro, de orígenes de carácter heroico, según los griegos, que lo identificaron con Heracles. Pero no era el único, y a cada ciudad le correspondía un dios protector; además, hay que mencionar a la diosa Astarté, la divinidad femenina más importante, personificación de la fecundidad de las tierras y los animales, así como diosa del amor. Luego estaban, por ejemplo, otros como Adonis, una divinidad de la vegetación, con su representación el mito de su muerte y resurrección (cada primavera).

No podemos menospreciar el influjo que algunos dioses extranjeros tuvieron entre los fenicios, como Nabu o Ishtar, así como el propio Osiris.

El mundo mítico de los fenicios es bastante conocido y representa, principalmente, y como no podía ser menos, la lucha entre el caos y el orden, representado, por ejemplo, en la construcción de templos religiosos (lo que implica la institucionalización de la jerarquía a través de los mitos), si bien con sus características particulares (el ciclo de la vegetación, por ejemplo), así como otros relacionados con otros fenómenos naturales.

Por su parte, los cartagineses, eran descendientes directos de los fenicios de Tiro en el Norte de África, por lo que no es de extrañar que sus dioses fuesen, al menos en un principio, semejantes a los de Tiro; Astarté se adoró bajo el nombre de Tanit.

El sacerdocio oficial estaba muy extendido, pero, aparte de éste, las ofrendas podían tomar forma de comidas dedicadas a los dioses, además de las típicas del sacerdocio, que solían tomar la forma de holocaustos o inmolaciones; también sacrificios humanos, y se discute si en su mayoría infantiles.

Religión griega.-

Haré un estudio especial de la religión griega documentalmente hablando, ya que creo que se merece una especial atención el hecho, en primer lugar, de que sea la primera religión centrada en la polis, usando la religión como medio de cohesión de la "poleis", siendo la religión cívica oficial, aunque ello no quiere decir que no hubiese diferencias entre los cultos de los campesinos y pobres (culto popular) y la de los grupos de élite. Podemos decir, por tanto, que la religión griega servía, entre otras cosas (y aunque esto no sea del todo nuevo en la historia), para la "construcción de la identidad griega" y, a su vez, de las identidades de cada polis. Hay que resaltar, igualmente, el carácter parapolítico o "extraoficial" de otros cultos místicos y mistéricos, el "dionisismo", así como la existencia de una crítica a la religión y de una religión filosófica.

Cronológicamente, podemos diferenciar entre una etapa "Homérica", basada en el mito y la teología, basada en el culto a ó de los señores de la guerra, entroncando sus linajes mediante lazos mitológicos, con una preeminencia en la creencia en los dioses de la "teogonía" de Hesíodo y en el destino. En su otra obra, "los trabajos y los días", se distinguen varias fases de la historia, de carácter decadente cualitativamente hablando, predominando en la etapa de Hesíodo la "raza del hierro", con el pensamiento milenarista como característica fundamental.

Pero es en los "poemas homéricos" donde se refleja la ideología de los griegos de su época, así como de diversos "poetas" anteriores que, a diferencia de la generalización a que quiere someter Homero la civilización griega, tenían un carácter más localista.

Tengo que mencionar, al estudiar la religión griega, la existencia de un "ateísmo" que pondrá en tela de juicio el modelo teológico completo, tanto en época arcaica como clásica, si bien los primeros son menos conocidos, y los segundos, a mi entender, más permisivos con las instituciones religiosas.

Como "ritos de solidaridad" dentro de las polis podemos encontrar las fiestas, los banquetes, las procesiones, etc., que juegan un papel fundamental en la reproducción social. No hay, no obstante, un sacerdocio oficial establecido; también existían purificadores, adivinos... así como la religión mistérica, el dionisismo y la religión personal, y/o la religión filosófica.

Dentro de los conceptos de creación el Universo y el origen de los dioses, los dioses olímpicos, los dioses menores del cortejo olímpico, las divinidades celestes y meteorológicas, los dioses y genios de la tierra y la fecundidad, los dioses del infierno y de la muerte, los del destino y de la vida, y los dioses de las aguas, así como los extranjeros, hay que destacar también la de los héroes, destacando sobre todos el mito de Heracles. Pero aquí sólo me referiré al origen de los dioses, así como a la teogonía, como estudio de la religión griega propiamente dicha: Los mitos Egeos influyeron sobre la religión griega, lo que ayudó al antropomorfismo (su formación religiosa), aunque primigeniamente existiese una diosa llamada Gea, divinidad de la Tierra, cuyo marido sería Urano.

Por su parte, la expresión del Universo y su origen responde a esquemas ya por nosotros conocidos: Dos principios antagónicos y complementarios, de cuya unión procede todo lo existente: Un principio celeste, y otro terrestre y oscurecido, que es fecundado por el primero. También destaca la presencia de demonios que hacen caer a los hombres a los infiernos.

Pero no podemos dejar de mencionar, al hablar de la religión griega, el "Olimpo", que es en realidad una montaña elevada, coronada con nieve y nubes la mayor parte del año. Zeus era el soberano, y el resto, las doce divinidades mayores, así como otras divinidades celestes también dependientes de él. Zeus era también el soberano de los hombres, y la "familia" de Zeus copiaba la de la humanidad, por lo que no han de extrañar, por tanto, sus escarceos, desventuras y aventuras, etc.

Para finalizar, insistir en las creencias de ultratumba de los griegos que, como pueblos antiguos que eran, poseían, y, como filósofos que solían ser también, sabían (o creían) que los hombres son caducos, y que tienen que prepararse para la vida eterna que les aguarda. Una de las formas de asegurarse una vida eterna de calidad era la de hacer ofrendas a los difuntos; se enterraba a los muertos, y se les honraba, pues. De esta forma, en días especiales se hacían visitas colectivas a las necrópolis, y es que, antes de empezar una empresa más o menos peligrosa, era preciso sacrificar en las tumbas de antepasados y héroes. Por no hablar de las competiciones atléticas que se celebraban cuando moría alguien muy importante en su honor; también se colocaban monedas en las tumbas de los difuntos, para pagar a Caronte, el barquero de la laguna Estigia, necesaria para atravesar dicha laguna y llegar, así, al Elíseo.

Religión romana.-

Aunque Roma no es, ni mucho menos, una excepción, es característico del mundo antiguo que las diversas culturas se influenciasen mutuamente en cuanto al panteón religioso. Así ocurrió, primero, entre los primitivos pueblos itálicos y, segundo, y ya más concretamente en Roma, con la influencia griega, que Roma adoptó, sin ambages, como una cultura superior a imitar. Y eso, sin hablar de otros pueblos invadidos por el ejército romano, del que se tomaron cultos orientales, y bárbaros.

Así pues, se pueden distinguir, en parte como consecuencia de las diferentes influencias antes mencionadas y su grado de difusión en el Imperio, tres etapas: Una "primitiva", con dioses originarios de los latinos; una "intermedia", en la que los dioses se confunden con los griegos; y una "final", en que penetran los cultos orientales y se desarrolla la religión oficial de culto al emperador. La primera fase coincide con la época de Júpiter Itálico, Juno, Quirino, Vesta, Janus, Ops... siguiéndose, en la segunda, por la identificación con los dioses griegos; así, Júpiter por Zeus, Hera por Juno, Atenea por Minerva, Artemis con Diana, Hermes con Mercurio, Poseidón con Neptuno, etc., aparte de otras divinidades griegas que se adoptaron tal y como eran originalmente, pero hay que decir que esta transmisión de dioses será aceptada (al menos en todo su conjunto) principalmente por círculos intelectuales. Por su parte, la "fase oriental" no es sino una aceptación plena por parte del Estado romano del poder omnípodo del soberano, sin tener en cuenta los anhelos espirituales del pueblo.

A pesar de lo que pueda parecer, el pueblo romano era profundamente religioso, especialmente en lo que concierne al culto a los antepasados, el hogar y la familia; también el sacrificio por la patria ocupaba un lugar preeminente en la religiosidad y la ideología romanas. El sentido de la justicia, la rectitud de la conducta y la creencia en que el "Más Allá" no era sino la repetición de una vida terrenal que había de guiarse por unos principios virtuosos. Aparte de esto, el culto a los dioses propiamente dichos tuvo una incidencia mucho mayor que, por ejemplo, entre los griegos. En cuanto al mundo de ultratumba antes mencionado, se hacía la distinción entre los héroes, que iban directamente a sentarse a la mesa de los dioses en el Empíreo, mientras que el resto de las almas mortales sólo eran verdaderamente felices en los momentos en que su espíritu se acercaba a su tumba para ser celebrados por sus antepasados. El resto del tiempo lo pasaban vagando por la Tierra. Posteriormente se creyó en un lugar de delicias, los campos Elíseos, donde residían los buenos muertos o heroicos, y, finalmente, los cultos orientales introdujeron la rectitud de conducta como medio de llegar a los lugares felices del más allá.

En cuanto al culto en la religión romana, el máximo poder llegó a estar en manos del emperador, si bien eran los decuriones los que lo otorgaban normalmente; aparte, hay que decir que, estrictamente, no hubo un culto oficial, y era la familia la que ostentaba los cargos religiosos propios de su casta, principalmente el culto a los antepasados. Por su parte, los pontífices tenían un Póntifex Máximus, que presidía el sacerdocio oficial, formado primero por tres, y luego hasta quince grandes sacerdotes. Como en otras culturas, también hubo adivinos, que creían hasta los propios emperadores, y que no dudaban en consultar.

La "religión de Abraham" presenta la enorme particularidad de no ser de origen natural, sino de tener el carácter de "revelada" al pueblo elegido por un Dios Único y verdadero (Jahvé), figura única de la divinidad; es, por lo tanto, la primera verdadera religión monoteísta. Se reveló primero a Abraham, en múltiples ocasiones, así como a sus hijos Isaac y Jacob. Jahvé es un dios benefactor de su pueblo, y tiene con él una relación bilateral, y desde tiempos de Abraham se levantan altares a Jahvé en las tierras de Canaán, a donde llega Abraham, con un culto todavía sin sacerdotes, basada en la plegaria, la oración y el sacrificio, junto con el rito de circuncisión.

Con su estancia en Egipto, durante el II milenio a.C. según los escritos hebraicos, los hebreos aprendieron los rudimentos de la agricultura, además de subsistir gracias a la economía ganadera, hasta que Moisés los condujo, hacia el 1200 a. C., a apoderarse del reino de Seón, y luego de Canaán. A él le fueron reveladas las grandes leyes del hebraísmo, el "Decálogo", entre las que se encuentra la ley que conduce directamente a un monoteísmo estricto, mediante el cual Jahvé es el único creador del cielo y de la tierra;

es eterno, y gobierna el mundo con justicia, pero es "misericordioso" y "clemente".

Entre 1200 y 1050 a. C., ya asentados en las tierras de Canaán, y tras la muerte de Moisés (1200 a. C. aproximadamente), se produjo un esparcimiento de las creencias por las tierras prometidas, tras atravesar el desierto del Sinaí y asentarse en Canaán, reunificando a todas las tribus de la "tierra prometida" el rey David, al que sucedió Salomón.

-Escritos de los profetas, Torah y Talmud

Poco antes de la caída de Israel en manos asirias en el s. VIII a. C., diversas personas denominadas "profetas" se dedicaron a propagar las ideas de la "Ley de Moisés", entre otras enseñanzas, como el culto a Jahvé, como medio de combatir la idolatría.

La Torah o "libro de la ley" terminaron la tarea contra la idolatría que habían comenzado algunos profetas. Es la narración de la sumisión de un pueblo a un dios, Jahvé. Fue compilado para su edición bíblica en el 621 a. C.

El "Talmud" fue recopilado, en cambio, en los siglos IV-V d.C. Se trata de una compilación, de un valor incalculable para los religiosos hebreos, que contiene la sabiduría hebraica.

Oprimidos por los romanos, se había avivado entre los hebreos la esperanza de que el Mesías, rey de la estirpe de David, quien -según los profetas Isaís y Ezequiel- nacería de una Virgen, y sería pastor y príncipe eterno del pueblo escogido, proporcionándole días felices. Geográficamente (y aunque los profetas no hablasen expresamente de ello), esto ocurrió en las tierras de la actual Palestina. Tampoco hablaron los que profetizaban de la masacre que Herodes llevó a cabo con todos los nacidos en la época de Jesús, ante la aclamación de su venida.

Ciertamente, el joven artesano casado con María, José, estaba emparentado con David, de forma que, cuatro o cinco años antes del inicio de nuestro calendario, nació Jesús en Belén (Judá).

Tras la predicación y encarcelamiento de Juan El Bautista, aparece Jesús en Galilea para predicar la palabra, así como la penitencia y el bautismo predicados por Juan. Allí hizo milagros, según las Escrituras.

"Por ese tiempo -leemos en el Evangelio de Lucas- se retiró Jesús a orar en un monte, y pasó toda la noche haciendo oración a Dios. Así que fue de día, llamó a sus discípulos, y escogió doce de ellos... Simón, a quien puso el sobrenombre de Pedro, y Andrés su hermano, Santiago y Juan, Felipe y Bartolomé, Mateo y Tomás, Santiago, hijo de Alfeo, y Simón, llamado el Zelador, Judas, hermano de Santiago, y Judas Iscariote, que fue el traidor" (Lucas 6, 12-16). Seguidamente, o poco después, hizo el llamamiento a los pobres, bienaventurados, así como la llamada a la misericordia, conocido como el "sermón de la montaña", que puede ser definido como la "carta magna" del cristianismo.

En cuanto al resto de la doctrina cristiana, viene recogida en los "Evangelios", los cuales pretenden mostrar a Jesús como el verdadero Mesías; el "Nuevo testamento" que incluye escritos variados, aparte de los evangelios, es la narración de los hechos acontecidos y/o que rodearon a Jesús en vida. A su predicación se debieron los apóstoles hasta que en el año 63, el sumo sacerdote del judaísmo, Aniano, hizo prender a apóstol Santiago, y le ajustició; pero no se detuvieron ahí, hasta que, en el 90, Vespasiano inició una nueva persecución.

Para esta época, el cristianismo se ha diferenciado del judaísmo plenamente, y la "Iglesia" se ha corporeizado, aunque se considera a la Iglesia como el cuerpo místico cuya cabeza es Cristo, a la vez que se institucionalizan los siete sacramentos: bautismo, eucaristía, orden, confirmación, penitencia, matrimonio y extremaunción; también se precisa el dogma de la "Santísima Trinidad".

De esta forma, vemos como, al concluir el siglo I, el cristianismo se ha extendido por el Mediterráneo, aunque tuvo que combatir teológica y doctrinariamente con el "gnosticismo", una doctrina sincrética en el fondo, que acabaron influyendo en amplios sectores católicos. Pero no fue ese su principal enemigo: La "persecución de los cristianos" llevada a cabo por muchos soberanos romanos, acabó relegando, en la propia Roma, a los cristianos, a ciudadanos peligrosos y rebeldes, lo que les obligó a construir las "catacumbas", por donde concurrió la vida de los primeros cristianos durante los tres primeros siglos de su existencia. En ellas, los primitivos cristianos pretendían, además de esconderse de la persecución estatal, seguir con sus modos de vida, según su religión.

Por último, no podemos obviar la progresiva jerarquización que iría sufriendo la iglesia a lo largo de los siglos siguientes, con un elemento fundamental: El "obispado" que, desde que, supuestamente, el apóstol Pedro fundase en Roma, el más importante de toda la cristiandad y autoridad eclesiástica suprema, a la que se fueron uniendo otros conforme avanzaba la evangelización. Se puede afirmar que la Iglesia Oriental estuvo desde siempre más sujeta a los dictados del emperador, por lo que no es de extrañar lo que ocurriría en siglos subsiguientes. Pero, aparte de los obispos, existían otras personalidades dentro del cristianismo (aparte del hecho de que por "Iglesia" se entendía el conjunto de la comunidad cristiana) como eran los ascetas, anacoretas y monjes, o miembros del incipiente clero regular.

SOBRE LAS RELACIONES ENTRE EL TIEMPO Y LAS IDEAS MORALES, FILOSÓFICAS Y POLÍTICAS

El conocimiento analítico, científico, "a priori", el pensamiento "abstracto", en definitiva, que caracteriza a la mente humana, y que supuestamente descubrieron los filósofos griegos, se encontraba ya contenido en los "tratados de adivinación" mesopotámicos quince siglos antes, basados en la, para ellos, *ciencia de la adivinación*. Y, del mismo modo, se sabe que los sucesos anormales, los acontecimientos inesperados, y otros "signos" se interpretaban como señales de los dioses de, por ejemplo, calamidades, guerras; hay muchos ejemplos al respecto en la literatura cuneiforme mesopotámica. Eran "presagios" que, estudiados durante siglos, iban acompañados de una predicción de un hecho determinado. Pero, si en un principio (III milenio a. C.), eran estos presagios de un carácter natural, se fueron sustituyendo paulatinamente por los de carácter astrológico. Así, por ejemplo, el eclipse de Sol se solía interpretar como el eclipse del reinado en curso. Era, en definitiva, la adivinación del porvenir, del futuro, marcado por los dioses. También se documenta la existencia de "exorcismos".

Para conservar la jerarquía del rey, se han constatado holocaustos de familias enteras allegadas al mismo; también rituales preparatorios para la guerra, y de salvaguarda del sucesor del rey. En general, se afirma que se tenía poca estima por la vida de los súbditos en comparación con la del soberano, al que se le buscaba un "sustituto" en el caso de que su vida corriese peligro. Este sustituto podía correr una suerte diversa, teniendo en cuenta que, en muchos casos, los peligros venían anunciados por presagios que no siempre se cumplían, por lo que podía llegar a tener una vida equiparable a la del rey al que había sustituido, o bien podía ser sacrificado, entre otros finales.

-El código de Hammurabi

Hay que decir que, casi con toda posibilidad, el "código de Hammurabi" no es el único, ni el más antiguo, en su especie, casi con total seguridad, pero es, prácticamente, el único que se conoce.

Debido a la capacidad que tiene la palabra escrita para transportarnos al mundo de las pasadas civilizaciones, estas palabras o código, fechado en el 1750 a. C. es un claro representante de la civilización babilónica.

En la parte superior vemos grabado el encuentro entre el rey Hammurabi y el dios Marduk, en la loseta negra de que está compuesta la "estela", mientras que, en el texto, prosa y poesía se entremezclan, y representan las victorias del rey, así como otras conquistas bélicas, como justificación del reinado de Hammurabi; se presenta, además, como expresión de la voluntad divina el gobierno de Hammurabi, un rey "experimentado y justo".

Pero me resulta más interesante el código propiamente dicho, que no es sino una especie de reglamentación de las conductas, de los súbditos del reino: Su conducta social, porque la religiosa ya venía establecida de antiguo. Es un texto, por tanto, más de carácter jurídico, dividido en temas, que son: para "Falsos testimonios", para la reglamentación para combatir el "robo", dieciséis parágrafos para el tema de las "concesiones reales"; "trabajo agrícola", otros tantos dedicados a los "locales de habitación", el "comercio", los "depósitos y deudas", la "mujer y la familia", veinte a "golpes y heridas", así como para "profesiones liberales", en primer lugar, y después las "serviles" y, por último, cinco a los "esclavos".

No es, por tanto, un "conjunto de leyes" para reglamentar un país, no es un código de conductas reglamentadas cual legislación estatal al uso, sino que los aspectos que recoge están muy *particularizados*. Lo que Hammurabi, casi con total seguridad, quiso hacer con este código es delegar, en el caso en el que él no pudiese estar presente en todos los casos, las sentencias que él creía más justas. Era una forma, el conjunto de medidas contenidas en el código, de "ejemplarizar"" conductas, de una forma equitativa, por parte de un rey que se creía "sabio y prudente".

El fin de tratados como los enunciados más arriba, así como del "código de Hammurabi", parecen más bien prácticos didácticos. No se trataba de "especulaciones", en ningún sentido; se trata, en todos los casos, de *enunciaciones concretas sobre casos concretos*, modelos para analizar. Los que nos arrastraron más lejos hacia el concepto de lo universal, la formulación absoluta, fueron los griegos. Pero, antes, los mesopotámicos nos han acercado hacia la observación y su importancia, multiplicada, como una ordenación natural y objetiva de las cosas: La "mirada científica" estaba ya asentada.

En cuanto al sentido mesopotámico de la justicia reflejado en el código de Hammurabi, hay que aclarar, en primer lugar, que los mesopotámicos no conocieron las "Leyes" tal y como nosotros las conocemos, sino las "decisiones de justicia", "sentencias de justicia" en virtud de un derecho universal, decidido y sacado de la vida en común, un "derecho no escrito". Ello denota una forma de entender la vida en sociedad, un "espíritu de pueblo", formulado siguiendo la línea de la *equidad.*

La regla moral principal de los mesopotámicos parece haber sido el "logro", positivo o negativo, según las autoridades competentes sobrenaturales, pero siempre orientado hacia el exterior de la persona, y "no interiorizado", para lo que me remito a lo dicho para la religión mesopotámica, y las religiones antiguas (en términos muy generales). El "amor", tanto entre los dioses como, por imitación, adoración, etc. era y tenía las mismas aventuras y desventuras entre los humanos y entre los dioses, pero no entre ambos. También el "concubinato", la "prostitución", etc. estaban muy extendidos entre los babilonios, e incluso las relaciones homosexuales no parecieron haber sido reprobadas, lo que le otorgaba, en términos generales, una gran dignidad a la sexualidad, así como a su moral imperante. Pero ello no quiere decir que, como consecuencia a la falta del destino comúnmente aceptado (el matrimonio monógamo), no se encontrase a estos partidarios del "amor libre" en una situación rebajada, humillada y marginal, ya que el destino de una mujer era, como mujer, traer al mundo y educar hijos.

Egipto.-

- La relación entre la divinidad y los egipcios

Dada la íntima relación existente entre lo religioso y, digamos, el "mundo de la carne" o de "los vivos", me es imprescindible tratar de explicar la moral y sus implicaciones sin acudir a un libro sobre la religión egipcia.

Hay que decir, en primer lugar, que los "elementos": Fuego, tierra, aire y agua no fueron jamás personificados en Egipto, mientras que se creía que dioses diversos, al igual que el firmamento, se los repartían. Otra cosa era el "mundo de los muertos", ya que los egipcios veneraban a La Muerte como dios creador. Los "sentimientos", por su parte, tampoco se contemplan como parte innata del hombre como tal, sino perteneciente a los dioses.

El hecho de que, aunque hoy en día esté mucho más asentada la idea del "politeísmo" egipcio, frente al "monoteísmo" predicado en el siglo XX, no hace más fácil el estudio (eso sin contar -o como consecuencia de- las enormes dificultades para la investigación de esta cultura: Pérdida de materiales, desorden en el trabajo científico, etc.), lo que me hace acudir en ayuda de la historia del arte, que nos muestra que el material, o, mejor dicho, la construcción hecha de piedra, estaba destinada solamente a dioses y difuntos, mientras en vida habitaban en casas de adobe.

El "culto a los animales" parece que estuvo, de cualquier forma, muy difundido en el Egipto de antes del III milenio; así, los más antiguos reyes del Egipto unificado llevaron nombres de animal: Escorpión, Cobra... pero hacia el 2800 a.C., con la I Dinastía, esto desaparece completamente. Aparte, los dioses se "antropomorfizan", si bien se sigue jugando con sus nombres (panteísmo, henoteísmo), de forma que su imagen se puede representar al pueblo en "procesiones", aunque, la imagen, en sí, permanecía escondida. También la "zoolatría" nos habla del culto a los dioses, que se personificaban en diversos animales, considerados "sagrados". Pero los dioses habitan en otras dimensiones y tienen una existencia aumentada en muchos sentidos, pero no ilimitada.

Del mismo modo, el egipcio que tiene que rendir cuentas ante el tribunal de los muertos de sus actos terrenales envuelve su justificación en afirmaciones negativas (como "no conozco lo que no es", que hace relación al mal que entraña el desorden, la "hybris", o "la diferencia entre el "Ser" y la "nada"). Pero, en la religión egipcia, a diferencia de la griega, todo tiene un inicio y un fin (incluso la vida de los dioses), un "devenir" temporal. Pero, *cualquiera que viola los límites establecidos del orden se aleja del*

"Ser" y cae, si persiste en esta violación, al abismo del "no-ser"; así, el infierno egipcio no tortura a los condenados, sino que borra su existencia.

Por otro lado, políticamente hablando, "la historia de Egipto está recorrida por una disminución continuada del poder real; por una parte el monarca se somete cada vez más al poder y a la voluntad de los dioses, por otro lado crece su dependencia de otros factores de poder terrenales y humanos", y esto se observa especialmente en la evolución de las sepulturas reales, en la que esta disminución del poder real se observa más claramente. Pero no hay que olvidar que el faraón era considerado por los súbditos, o bien "Hijo de dioses" o un Dios mismo, hasta épocas muy avanzadas.

Para Wilson, "elemento importante de la psicología egipcia era la confianza, el sentimiento de seguridad y de elección por parte de los dioses, hecho que promovió la confianza del individuo en sí mismo, el gusto de la vida tal como era, y una actitud tolerante para las divergencias sobre la aplicación de las normas. El egipcio no fue nunca introspectivo ni rígidamente exigente con él mismo o con los otros, porque no sentía miedo. Hasta entonces, había sido el arquitecto de su propio destino, había hecho una cultura orgullosa, rica y próspera, y había sobrevivido al período de anarquía intensa volviendo a una vida plena y juiciosa. Este sentimiento de seguridad y de destino inigualable, fue quizás el fruto del aislamiento geográfico; quizá tenía sus raíces en la fértil tierra negra; quizá estaba calentado por el buen sol africano; quizás se intensificó por el contraste con la vida áspera y pobre en los desiertos que bordean a Egipto. O quizás sus orígenes son demasiado sutiles para que los podamos conocer nosotros, los modernos. Pero estaba allí, y dio a la civilización egipcia su característica y juvenil urbanidad" (Recogido en el libro de Iniesta "Antiguo Egipto. La nación negra"). Esto, que tal vez pueda parecer demasiado aventurado, tiene su reflejo en los diversos cantos (como, por ejemplo, el del "arpista" egipcios). Pero, como también señala Wilson, esta época de esplendor vital (que se refleja en las artes y las tumbas) dura solamente el período es el de la época predisnástica y principios de la dinástica -más o menos hasta la V Dinastía-.

Según Alfred Adler: "Los seres humanos viven en el terreno de los significados. Experimentamos siempre la realidad a través del significado que le damos; no en sí misma, sino como algo interpretado".

De este modo, y dado que nuestros conceptos temporales son fruto en gran medida de la noción del grupo al que pertenecemos ("mentalidad"), no es de extrañar que el tiempo tenga diferentes significados en las diferentes civilizaciones. Para los griegos, el tiempo, sin embargo, no era un dios. Sólo se convirtió en dios en la época helenística (Aion), si bien éste respondía a un tiempo fuera del tiempo. En los albores de la literatura griega, en Homero, encontramos una concepción vaga y difusa, que denota una escasa atención a los conceptos temporales más allá de la perspectiva moral incluída en la "hybris", según la cual el hombre no podía saber más allá de lo que le venía dado.

Hesiodo, al igual que Homero, contemplaba el tiempo como un aspecto del orden moral del universo, dando un sentido decadente a la situación actual con respecto a la primigenia "Edad Dorada".

Como ya se ha hecho notar, la concepción griega del tiempo estaba gobernada por unos principios de carácter moral ya desde sus comienzos, y que serían compartidos por otros pensadores posteriores, que definirían su *concepción del tiempo como juez*. Esto es, el tiempo siempre descubre y venga cualquier acto de injusticia.

Solón (s. VI a. C.) identificó "justicia" con "ley divina" aplicándola al derecho; Anaximandro y Heráclito ampliaron el concepto de "justicia" a todo el Universo mediante el término "Kosmos", así como todo lo que sucede en el mundo es racional y está sujeto a una norma rígida que se puede desvelar con la razón.

Por su parte, Parménides sostendría que "presente" y "cambio" son incompatibles, porque no se pueden ser las dos cosas a la vez, introduciendo un nuevo grado de complejidad a la hora de una valoración del tiempo y de la realidad en general ("lo que es, es, y le es imposible no ser"). Es la negación del "devenir".

Platón, por su parte, sostuvo que el tiempo era una de las características del Universo, creado por los dioses, de forma que no tenía sentido rechazar por "irreal" el tiempo, como afirmaban Parménides y Zenón De Elea. Al contrario, el tiempo estaba contenido en el "mundo ideal", de forma que se introduce el concepto determinista e inmutable, encuadrado dentro de una concepción moral.

-La época homérica (hasta el siglo VI a.C.)

Alrededor del año 1200 a. C., la civilización de Micenas, que, desde la destrucción de Cnossos unos 300 años antes, había dominado el mundo Egeo, se derrumbó tras la invasión de los dorios griegos del Norte.

El pasado micénico perduró como un recuerdo colectivo griego, que fue preservado de modo oral y culminó en la épica homérica. En lo subsiguiente, los griegos rememorarían el pasado micénico como una "Edad de Oro" de dioses y héroes, y tendería a considerar la historia como una decadencia desde este estado inicial e ideal y no como un orden último de la realidad.

En Homero, y según Cornford, "toda concepción es estática y geométrica, todo tiene su terreno delimitado por confines que no deben ser traspasados": Es la "hybris". En Homero se ha observado que, fuera de la idea de que el agua ("Oceanus") es el origen de todas las cosas, no concebía ninguna cosmogonía.

Desde el punto de vista político, *la ciudad* figuraba como el centro indiscutible de actividad, y será en esta época cuando se cimientan los valores que, más tarde, intentará recuperar Platón para su "ciudad ideal". Esto es:

- *La esclavitud*, uno de los pilares fundamentales de esta antigua civilización, entendida como un hecho natural, e incluso el "epicureísmo" y el "estoicismo", aun proclamando la igualdad moral de los hombres, no pedirán su abolición desde el punto de vista político.

- *La ley,* entendida a partir de finales del siglo VII a. C. Como única para todos los ciudadanos (sustituyendo a la "Diké", que esencialmente era una decisión tomada en un determinado momento por el o los que juzgaban un hecho determinado). Estas ideas encontrarán en Solón a su gran definidor. Antes que él, sin embargo, ya Zaelucos De Locris, Carondas De Catanias, Dracon o Teognis entendían que la oposición entre los "buenos" (los aristócratas) y los "malos" (los plebeyos) era universal y había de ser legislada y definida aunque, ciertamente, Solón se opondrá a estas ideas a favor del ideal democrático. Pero, En general, es el miedo a la "anarquía" la que mueve a todos ellos a la necesidad de una legislación inamovible, más allá de cualquier gobierno provisional (junto con lo que Touchard denomina "patriotismo griego", cuyo origen gustaban de definir por la existencia y soberanía de la ley). Hay que añadir que la ley tomará pronto (siglo V a. C.) caracteres de diosas protectoras: He aquí el deseo de legislar de una vez y para siempre.

Además de todo lo dicho, Touchard señala que "la ley se confunde con la ciudad", Palladium del estado, gobernada según el régimen más o menos democrático ("Isonomía"), oligárquico o monárquico, con sus excesos, desviaciones y tiranía, enmarcadas en su propia naturaleza.

-La Atenas democrática

No hay para los griegos otra civilización que la de la "ciudad", y la ciudad es un don de los dioses, como lo es el trigo. El griego se considera ante todo ciudadano, y los dioses de la ciudad son, a la vez, los protectores y los modelos de los ciudadanos: La ciudad es lo primero, y el individuo es sobre todo un ser cívico subordinado y su "ley", única garantía de una vida política sana. Como indica Touchard, "el griego se enorgullece de someterse a un orden, no a un hombre". Pero, ¿qué es la ley? Según el mito, Zeus le da al hombre la ley del arte político, esto es, el "pudor" y la "justicia" para evitar que, al vivir en sociedad, se maten entre sí. Tiene, pues, un principio utilitario, lo que explica la diversidad entre las diferentes ciudades. Por otro lado, *el principio democrático* introduce para el conjunto de ciudadanos la "igualdad política", "el gobierno del pueblo" y "la libertad" en términos jurídicos.

-La crítica de las ideas democráticas

Platón, que calificaba la democracia como "el reino de los sofistas" acusándoles de oportunistas, buscaba leyes generales para todos los hechos, intentando elevar al carácter científico la moral y la política, las cuales, según él, coinciden en su motor común: El "Bien", que no era sino la "Verdad". De este modo, intenta sostener los hechos políticos del principio empirista para vincularlas a *valores eternos*, que las fluctuaciones del devenir no perturben. De este modo, Platón parece que acusa al "devenir" de oscurecer las verdades eternas, o sea, las realidades eternas. Platón intenta, por tanto, "detener el tiempo" en una situación determinada que es, según él, la "situación ideal".

En "La República", afirma que "el devenir político no es solamente sucesión de hechos accidentales, sino determinismo estricto", o sea, *evolución, condicionada moralmente* por el conjunto de los ciudadanos, en un sentido "regresivo".

Encontramos, pues, en Platón, una crítica razonada del sistema democrático, pues es concebida como resultado de la decadencia de la ciudad primigenia, que respondería al ideal aristocrático del "gobierno de los justos y virtuosos".

En la crítica de las ideas democráticas, Platón no se encuentra solo. Así, nos encontraríamos en esta corriente "reaccionaria" con autores como Aristófanes, Jenofonte, Isócrates o Aristóteles.

Aristófanes, desde un plano moralista, "expresa sobre todo el malestar y las contradicciones de un ateniense amante de su ciudad ante el derrumbamiento de algunas de sus estructuras" (Touchard). Inscribe su crítica en un plano nostálgico por las formas antiguas de organización política, basada en el gobierno de los vigorosos guerreros y los valores tradicionales.

En un escrito atribuido a Jenofonte, la democracia es legítima a la luz de los tiempos y de la evolución social, pero afirma que, en realidad, "no beneficia a nadie", por estar tan repartido el poder y los beneficios que de él se derivan.

En otro escrito, "La República de los Lacedemonios", que sí es con seguridad obra suya, exalta la simplicidad y acertado funcionamiento de las instituciones espartanas. Jenofonte cree firmemente en "el gobierno de uno solo", por lo que algunos han visto en él al primer justificador de la ideología alejandrina del gran hombre y del monarca.

Aristóteles representa también, a su manera, una tentativa de detener la "decadencia" de la ciudad griega, aparecida naturalmente tras las fases inferiores: Familia, tribu y aldea. La Ciudad, cada una de las cuales se fundan en una *Constitución* acorde con el carácter económico y las necesidades de sus ciudadanos, es el centro político del hombre por excelencia.

Para Aristóteles, los gobiernos y las constituciones se modifican como resultado de sus "excesos" o "desfases" evolutivos, admitiendo de hecho el "principio de inestabilidad" de las sociedades según las circunstancias, variables por naturaleza, pero sin aceptar a "unidireccionalidad".

Aristóteles afirmaba que, para fines legales, algunas acciones deberían aceptarse como voluntarias e "injustas", es decir, negativas para la sociedad en su conjunto; de este modo -junto con el elemento "azar" introducido por los epicúreos- amplió el abanico de posibilidades a casi infinitas. En las formas políticas, la casi infinitud de formas de que pueden ser las constituciones también entrarían, para Aristóteles, en una cierta indeterminación existente en la naturaleza.

Como afirma Touchard, Aristóteles, por medio de su idea de "Constitución política", intenta conciliar el principio democrático y el principio antidemocrático pues, si bien el hombre es un "animal político" (individualmente es considerado "incompleto"), reserva las funciones gubernamentales para la virtud, según los "méritos". Ahora bien: Este gobierno ha de preocuparse, mayoritariamente, por la situación de los más desfavorecidos, así como por la propiedad de los más ricos. Para Touchard predica, en definitiva, el gobierno del "justo medio", de la clase media.

- El período helenístico

Según Touchard, "la vida e en la que se encerró la vida política durante el período clásico -El Estado-ciudad- no excluía la existencia de una comunidad helenística sentida como tal. Los poemas homéricos reflejan ya el sentimiento de esta solidaridad", si bien "e incluso en las ciudades indiscutiblemente griegas la "alianza militar" no llevara nunca una forma política conjunta". En realidad, las alianzas fueron constantemente necesarias -amenaza persa- pero la opinión pública nunca sintió de forma profunda que se hubiese de precisar una opinión política aunque, ciertamente, los agrupamientos se dieron, normalmente bajo la hegemonía de una gran ciudad, bajo cuyos auspicios se encuentran justificaciones teóricas, como en Herodoto o Demóstenes, contra las que, sin embargo, no faltaron contrapartidas políticas por parte de autores como Aristófanes, Platón o Jenofonte; o la oposición entre "invención" -en un marco determinista- y "tradición".

Durante el *periodo helenístico*, y especialmente tras la muerte de Alejandro (323 a. C.) se advierte una acusada decadencia de la ciudad como centro autónomo, vivo, que había caracterizado hasta entonces la vida griega. Bruscamente, y de manos de los estoicos, va a predominar la *sumisión política* y el *individualismo* en lugar de la idea de ciudadanía.

El *estoicismo* se convertirá, hasta el s. II d. C., en la filosofía por excelencia de los grandes imperios que subsiguieron a la caída de la ciudad griega. Autores como Zenón De Clitio, Cleantes o Crisipo buscan nuevos valores en los que el hombre, unido irremediablemente a los sucesos del Universo, no es miembro de una comunidad definida, sino que se muestra como un individuo en la medida en que es miembro de una comunidad ampliada a las dimensiones del universo: *Cosmópolis,* habitante de la ciudad del mundo, homogeneizada por la razón pregonada por el estoicismo, que no admite ninguna comunidad científica ni ningún poder político específico: El único deber necesario es obedecer a las leyes del Universo. Por tanto, todos los hombres son conciudadanos, regidos por un solo orden de leyes común al conjunto de la humanidad.

En el plano moral, y aplicable a la política, Zenón afirma: "Hay dos categorías de gentes: Las gentes de bien, que son todos compatriotas, y los malvados, que están fuera de la ciudad universal", o sea, que no se someten a sus leyes. En este plano se situarían los *cínicos* que, para Touchard, se dedicaban simplemente a "invertir las posiciones del estoicismo hasta llegar al pensamiento pedagógico" y, por tanto, al cuasi absurdo de la exaltación de los contrarios.

El sabio estoico, en cambio, coloca el acento sobre el "orden" instituido por el cosmos, al que el estoico se somete deliberadamente y "ante todo, el respeto a los órdenes existentes, y debía, naturalmente, empujar a aceptar ese orden particular que el ejercicio de la autoridad real representaba.

Correlativamente, siendo la mejor manera de actuar el hacerlo conforme con el orden universal, era natural que los estoicos se acercaran para aconsejarle a quien -reflejo de la providencia en su reflejo social- podía modelar el orden político real sobre el orden cósmico. La mejor manera de instaurar el orden era hacer del rey un sabio" (Touchard, 57).

De esta manera el "estoicismo" comenzaba una carrera fructífera, de forma que, si así lo encontramos adaptándose a los reinos de época helenística, lo encontramos después dispuesto a dar a la República la ideología que espera. Más tarde, estas dos tradiciones se fundirán poco a poco en la política imperial.

Roma.-

Para los griegos, toda la sabiduría residía en el pasado, de forma que no es de extrañar su pretendido interés por los hechos "in illo tempore", así como por los perceptibles de la mano de los científicos dada la inmutabilidad de la existencia. En cambio los *historiadores romanos*, enfrascados en la conquista del Mediterráneo, estaban más preocupados por el destino del Imperio.

En autores como Polibio seguimos advirtiendo la enorme influencia que la idea del "tiempo como juez" tuvo en la antigüedad clásica. Ahora bien, se observa una nueva orientación hacia el "futuro", con una nueva perspectiva "determinista", muy ligada al triunfalismo, en la imagen de la "Diosa Fortuna", y que fue introducida por los estoicos de la época helenística: El rey ha sido distinguido por los dioses, favorecido por la Fortuna. Como indica Touchard: "En el siglo IV el crédito de la "diosa fortuna" no hizo sino aumentar, a favor de una subjetivación de la ley cósmica".

Polibio poseía "la creencia, íntima, abiertamente proclamada, de que las historias locales encontraban en la conquista romana su última realización, a la que reclamaban como una consecuencia natural. La historia romana iba a fundir en una historia única mil corrientes separadas", como una suerte de "predestinación". Esto responde a criterios claramente justificatorios del poderío romano. Y, con Polibio, Catón, Escipión Emiliano o Panecio exaltaban el glorioso futuro que para Roma estaba deparado.

En palabras de Whitrow: "Eran los estoicos deterministas estrictos que defendían una filosofía de la resignación ante dificultades terrenales. Para ellos el destino se identificaba con la "necesidad" y se simbolizaba con el giro incesante de una rueda. Puesto que el destino era la fuerza que mantenía el orden del Universo, como se revelaba en las estrellas y los planetas, en el período helenístico y la época del imperio romano, la prevalencia del estoicismo influyó en la creencia, cada vez más extendida, en la astrología. Muchos pensadores consideraban inevitable la naturaleza cíclica de los acontecimientos, porque creían que, de otro modo, estarían privados de "racionalidad" y de "legalidad".

Para Tácito (55-117 d. C.), al igual que Tucídides, la historia era el tribunal definitivo ante el cual se juzgaban las acciones de gobernantes y demás, y su deber como historiador era "no recoger más que las propuestas insignes por su honestidad o notables por su ignominia, de manera que no queden en silencio los ejemplos de virtud, y para que el miedo a la infamia en la posteridad reprima las palabras y acciones perversas".

Para Whitrow, los romanos tendían a comprender el curso de la historia como una alternativa entre abandonar y adherirse a los valores tradicionales. La "piadosa actitud de los romanos ante su pasado y su tendencia a considerarlo como si fuera parte integrante del presente suponían una especie de identidad que excluía una visión genuinamente histórica del mundo y era muy diferente de nuestro sentido de la perspectiva temporal".

Según Whitrow: "Una de las principales aspiraciones de los historiadores romanos era el culto a los antepasados y la propensión de las familias nobles a conmemorar sus gestas. A diferencia de los historiadores griegos, cumplieron su cometido como patriotas a presentar una revisión exhaustiva del pasado en su país". El estoicismo poseía un considerable atractivo para los ciudadanos más educados. Un famoso pasaje de la "cuarta égloga" de Virgilio da forma al concepto del "eterno retorno": "Ha llegado ya la edad anunciada por la Sibila de Cumas. Todo empieza de nuevo, y he aquí que nace una nueva serie de siglos... habrá entonces un nuevo Tifis y un segundo Argos, para transportar una nueva legión de héroes. Y habrá asimismo una segunda guerra, enviándose nuevamente contra Troya al gran Aquiles".

Uno de los primeros partidarios en Roma de la concepción cíclica fue el griego exiliado Polibio, el cual, invocando a Platón, exponía una teoría de la "sucesión de las constituciones" en lo que, según Touchard, satisface los imperativos de los tres grandes grupos de la Roma de su época (218-146 a. C.): Los "cónsules" -identificados con el poder real-, los "senatoriales" -el poder aristocrático- y "el pueblo" -el ideal democrático de poder-. En Polibio, *estos poderes se controlan el uno al otro y se equilibran para evitar la decadencia del "orden"*, al contrario de lo que, según Polibio, ocurrió en la ciudad ateniense. Esparta, por el contrario, conoció una duradera grandeza merced a la igualdad de fortuna, la convivencia en común, la simplicidad de la vida y, sobre todo, el contrapeso de los poderes; pero Esparta estaba organizada para conservar y no para adquirir, y "si se ambicionan empresas mayores, se debe reconocer que La República romana le lleva mucha ventaja, por tener una constitución más poderosa" (Polibio, VI, 50). Por otro lado, la constitución de Cartago se parecía a la de Roma; pero mientras aquella había llegado ya a su período de decadencia, Roma llegaba a la perfección en su forma de gobierno: El Senado, donde eran los principales y "fuertes" los que resolvían sobre los asuntos públicos".

La doctrina de Polibio se adapta a un *Imperialismo en expansión*, ya que supo ligar como nadie el problema de la "Constitución" y el de la "expansión", mostrándolos como indisociables; lo que significaba justificar uno por otro, y convertir a ambos en *necesarios.*

Y es que la historia interior de Roma forma una unidad, desde su nacimiento hasta su muerte, con la historia exterior. Como dice Touchard, las conquistas "¿No suscitaron la formación y promoción de la clase de los caballeros? ¿No modificaron de manera profunda las relaciones de fuerza dentro del foro y transformaron los términos de cada problema interior?", problemas que intentarían afrontar los Gracos, que preconizarán una explotación más justa de las tierras conquistadas y, por tanto, modificar las formas del poder dentro de la propia Roma.

Cicerón, optimista, ve en el contrapeso de poderes una garantía de "estabilidad", ya que la Constitución de Roma dejaba lugar al basculamiento de poderes creados por la riqueza proveniente de las conquistas. En relación con esto, indica su preferencia por la "realeza" como régimen "puro", y prevé la futura necesidad de un único gobernante virtuoso que sería el "tutor" y "procurator" de la República, por encima del poder "mixto" inspirado en Polibio y los Escipiones. Se abrían, así, las puertas a un emperador.

"Los romanos tenían especial veneración por la autoridad, los antepasados y la tradición, y se oponían al cambio hasta que se juzgaba acorde a las costumbres ancestrales, que en la práctica eran los sentimientos de los más viejos senadores vivos. Los romanos tendían a sospechar de la novedad y la palabra *novus* tenía para ellos un halo siniestro, pese a que su memoria del pasado les recordaba que el cambio solía producirse, aunque al propio se resistiera. Como Syme ha indicado, "la peculiaridad grandeza de Roma no se debía al genio de un hombre o de una época, sino a varios hombres y al largo proceso del tiempo" (Whitrow, 82).

Tal vez por ello, la ideología oficial de Augusto nunca se elevará a teoría, sino que se mantiene que Augusto *ha restaurado la República*, que se hallaba comprometida con las guerras civiles; subsiste en principio la tradicional imagen de la Constitución romana; tampoco se desaprueba el famoso sistema "mixto" al que se atenían los discípulos de Polibio y Cicerón: El gobierno de Roma sigue siendo democrático, ya que el príncipe representa al pueblo romano. También sigue siendo aristocrático, ya que los poderes del Senado permanecen, si bien se reparten con el "Imperator". La opinión pública aceptó el cambio, ya que, por ley, los príncipes romanos no podían nunca usar los dominios como una propiedad personal, ya que, en teoría, pertenecía al pueblo romano.

Una vez justificada la existencia del imperio en la práctica, se pasó a la fase de reconocimiento en la fase espiritual, y eso se hizo de acuerdo a los ideales basados en el "principio de Providencia". Augusto no era tanto un hombre victorioso como un hombre providencial, el agente de una fuerza que no era de este mundo. Como señala Touchard: "El sentimiento popular, que desde Escipión gustaba dirigirse hacia los protegidos de la Fortuna, servirá en adelante, canalizado por la muy formalista religión romana, para asegurar el prestigio del príncipe. Lo que Augusto no quería obtener abiertamente de la ley se lo procura por intermedio de la religión". Se trata, además, de un *ejemplo moral* para el conjunto de los romanos.

El más afamado de los estoicos en la época imperial, Séneca, en "De clementia", afirma que "la naturaleza impulsa a los hombres a darse un jefe". En consecuencia, se necesita un príncipe, pero éste debe actuar en interés de sus súbditos y no del suyo propio: El representante del pueblo provisto de un poder divino, no un Dios. Debe ser, ante todo, "el servidor e intérprete de las leyes". Así, cuando Séneca exige del emperador que tenga las virtudes estoicas quiere decir, que "debe aceptar el ser tan solo el gestor desinteresado de una autoridad que no conoce otros límites que los que se impone a sí misma. Ser un sabio significa olvidar todo lo que no sea convertirse en servidor de una ley".

De esta forma, y de la mano de este estoicismo moralista y flexible, será el principal instrumento de oposición ideológica a los abusos de los emperadores que se excedan en su arbitrariedad y absolutismo, a los que se califica de "tiranos", para distinguirlos de los príncipes justos.

El poder del príncipe triunfa sobre el de sus opositores, y la "unidad del Imperio" se torna inviolable en su persona. Plutarco, en la "fortuna de los romanos" declara que, a pesar de la virtud del príncipe, es la fortuna la que ha dado su poder a Roma, y el interés de los demás pueblos reside en beneficiarse indirectamente de los favores que la divinidad concede a los romanos.

"La grandeza de Roma, universalmente admitida, se convierte en el patrón indiscutido con el que se mide toda grandeza y en el patrimonio común en cuyo provecho se realizan toda clase de transferencias" (Touchard, 81). Fundamentada en las ideas de Polibio y Plutarco, las historias de las diferentes culturas sometidas se fundirán desde ahora en una historia romana, que las englobará. Como dice Touchard: "El sentido de la historia era invocado, quizá por primera vez de manera explícita, para justificar en el presente una opción política".

Todas las escuelas filosóficas contribuyeron a justificar filosóficamente este sentimiento de unidad, y especialmente la predominante y estoica. Todos ellos mostraron que la verdadera ciudad del hombre es el Universo. Ahora bien, "El Imperio romano, que para los espíritus de su tiempo coincide con la tierra habitable, debe necesariamente, al representar a la "Cosmópolis" en el nivel político, reivindicar ciertos caracteres para sus individuos habitantes".

Marco Aurelio intenta justificar la situación en sus "Pensamientos", diciendo que el individuo no es nada en comparación con el Universo y el tiempo. Únicamente cuenta que el universo está formado por sus partes, de las que el individuo es una ínfima. Esta filosofía rica en imperativos para con la generalidad fue el crisol donde se elaboró una nueva idea del Imperio basada en la *obligación moral*. "El estoicismo desarrollaba así, sobre estos cómodos esquemas, el sentimiento de un valor ejemplar y unificador del orden divino -por consiguiente, del orden a secas- cuyo beneficio iba, íntegro, al poder imperial" (Touchard).

Dio Crisóstomo hace una definición parecida a la de "Cosmópolis" de Marco Aurelio ya antes del nacimiento de éste, en la que ésta comprende la "Ciudad de los dioses", la única perfecta (que responde a la de los astros, de curso fiel a las leyes) y las ciudades de los hombres, diversamente imperfectas; más o menos obedientes a las leyes, pero unidas a la "Ciudad de los dioses" "como los niños están a los ciudadanos en una misma ciudad". Para él, la monarquía es el sistema político ideal, y el rey es el elegido de Dios, de forma que su poder emana de Zeus, o de Júpiter. Él mismo es hijo del Dios inmortal. Existe del mismo modo, una correspondencia entre la influencia soberana de Zeus en el mundo y la que el monarca ejerce sobre su reino.

-El desgaste del estoicismo

El último exponente notable del estoicismo fue Marco Aurelio, que gobernó desde el año 161 al 180.

Después de dar a los romanos una razón para combatir, el estoicismo se había convertido en el regulador de un imperio unificado y bien definido; había llegado a ser la filosofía ordinaria de un Imperio que no parecía ya sujeto a "devenir", de una civilización estable en el tiempo, una estructura definitiva del universo (Marco Aurelio: "La historia se ha detenido y la política no es sino conservación").

Con la *Pax Romana* (s. II), la situación de tremenda estabilidad interna se vio alterada por la avaricia comercial, a través de la nueva libertad para viajar indemne a lo largo y ancho de Imperio, lo que tendría consecuencias no solo en la vida de estos hombres, sino también en los pensamientos y creencias, reclutándose de entre ellos a los cristianos, bien como esclavos o como comerciantes, así como los viajes de los profetas por el imperio.

Sin embargo, en esta época, el cristianismo era solo una entre un montón de religiones y concepciones filosóficas. Como indica Touchard, "el estoicismo es suplantado, en gran parte, por nuevos movimientos, el más importante de los cuales es el "neoplatonismo"... (que) parece representar una fuerza de conservación más segura e impermeable, predicando un respecto absoluto por una realeza que procede directamente de la divinidad. Por una parte, contribuye, mediante su implícita religiosidad, a reforzar la idea de que *el orden social está impuesto por la divinidad*, y subraya que la realeza es la imagen y emanación de la divinidad, concesión que el estoicismo nunca había aceptado de modo formal". Por lo demás, Plotino puede ser considerado en algunos aspectos como un precursor de San Agustín.

El "neoplatonismo" entrará directamente en concurrencia con la *doctrina cristiana*, con el que correrá una suerte paralela a partir de Constantino, sirviéndose grandemente de temas neoplatónicos tras su etapa oscurantista, al que aún debe gran parte de sus concepciones.

Israel.-

La más conocida conquista lograda por Israel fue el *monoteísmo,* que ya desde la época babilónica y, con mayor claridad, la Grecia de Pericles, pregonaban los profetas. Frente al naturalismo politeísta babilonio y las ideas del panteón egipcio, Israel se afirmó como la primera religión monoteísta de la historia, y su influencia acabaría salpicando a Occidente a través del Antiguo Testamento y del cristianismo.

Para el antiguo hebreo existían tres realidades: Dios, el hombre y el mundo. Como el carácter del dios hebreo creo que ha quedado lo suficientemente claro, vamos a ocuparnos del segundo aspecto. Así, para los hebreos el principal problema del hombre es él mismo, y sus anhelos de ser algo más a través de un pensamiento abstracto, más allá de su origen y naturaleza animal, aunque "coronado de honor y gloria", al ser un poco "menor que Dios", jerárquicamente hablando. Así se nos muestra, como ejemplo más representativo, en la historia de la creación del hombre, creado "a imagen y semejanza" de Dios. Pero su naturaleza no sacra le llevaba también a ser un ser pecaminoso y pecador; y el *pecado* significaba, ante todo una "ofensa a Dios" para los hebreos, transformando la afrenta personal en un mal moral.

De ahí los incesantes esfuerzos morales que el hombre hebreo se ve obligado a hacer, fruto de su propia soberbia.

Por otra parte, con el tiempo se vino a aceptar la creencia, largamente acariciada por los egipcios y sin duda bien conocida por los israelitas, de que la muerte no es el fin, sino el principio; su salvación estaba ligada a su existencia terrenal, lo mismo que la dicha en la vida en sí mediante unos mínimos materiales. El hombre debía ser bueno, diligente, bondadoso y generoso y, además, su suerte estaba íntimamente ligada a la de la comunidad, de la cual compartía responsabilidades, de lo que se desprenden conclusiones éticas y morales.

Pero la "vida buena" era la vida religiosa y, la negación de ésta por parte del hombre, era pecado y, por tanto, conllevaba su "condenación eterna" (y no solo eterna). Un mundo en el que existía el mal y que, en cambio, había sido creado por un dios misericordioso y bondadoso necesitaba una explicación, y ello lo encontraron en la "libertad" que el hombre llevaba implícita en su naturaleza, mezclada con el drama de la finitud.

Pero los hebreos no dudaron nunca de la capacidad humana de aprehender la realidad mediante sus procesos mentales, de forma que el hombre se divide, para los hebreos en: Cuerpo, alma y espíritu, quedando los factores netamente psicológicos en un segundo término, si exceptuamos los concernientes a la "motivación" humana, y su manifestación en la conducta. De esta forma, gran parte de los males que acuciaban al hombre eran debido a su propia vanidad, ya que, en realidad, Dios sólo le había revelado al hombre la naturaleza última de las cosas hasta el punto en que le había parecido conveniente. El "sacerdote", nombrado o, mejor dicho, llamado por Dios, era el servidor personal y ministro de Dios entre los hombres, dedicado al estudio de los textos antiguos, que hacen referencia directa a Dios. Pero el "sabio" era, ante todo, un estudioso de la conducta humana y su curso, abogando por sublimar los sentidos a un sentido más "fuerte y personal", aceptando lo sobrenatural con verdadera ingenuidad. Abogaban también, y como consecuencia de ello, a la negación de la vida como la consecución de bienes materiales que implicaran riqueza, a favor de valores como la bondad y la elevación espiritual: Y es que la sabiduría es el mayor bien al que puede aspirar el hombre.

En cuanto al concepto filosófico fundamental, nos encontraríamos con la idea de que la vida del hombre está penetrada por una entidad que es superior al hombre y cuyo principio y naturaleza radica en el ser del Universo; así, por ejemplo, "El libro de la sabiduría" así como el "Libro de los Proverbios", exigen al hombre que se trascienda a sí mismo, buscando mejores formas de conducta: Es el "derecho natural", basado en los principios universalmente aceptados, y que siguen los dictados de la razón. Dios decidió ordenar así el mundo en beneficio del hombre. La naturaleza, también, le era dada, pero necesitaba de los ritos necesarios para mantener su orden y su reproducción. De cualquier forma, existía una "potencia" superior "no-personal" que obligaba al cumplimiento de los imperativos morales, rituales, etc.

En cuanto a la forma de gobierno, hay que decir que, en principio, se basaba en la junta de ancianos, para, progresivamente, irse ganando el favor de los más débiles, ya que se consideraba que el poderoso era más dichoso. La *monarquía*, o la supremacía del derecho positivo, que establecía la monarquía "por derecho divino", con David al frente. Desde gobiernos despóticos, a otros más permisivos, según el monarca en cuestión. El poder, en cualquier caso, independiente del de Jahvé, se daba, pero se consideraba que la sabiduría del rey emanaba de Dios.

Por último, y para acabar, diremos que había dos clases de historiadores hebreos: Los que creían que la historia era "la voluntad de Dios" y, frente a esto, la del hombre y sus designios. Además, el judaísmo supuso la "emancipación" del "devenir" y del pensamiento, así como de los sentimientos de los seres humanos.

Se dice que Roma nunca impuso la religión grecorromana, aunque la realidad es que el cristianismo fue perseguido durante numerosos reinados.

La idea de que la Iglesia es un cuerpo místico cuya cabeza es Cristo nació con Pablo, siendo uno de los puntos principales de fricción entre ambas culturas, siendo así que el cristianismo abominaba del culto al emperador.

Por otra parte, tanto el estoicismo como el epicureísmo y el platonismo pasaron a formar parte del bagaje filosófico del cristianismo. Pero, no sin arduos debates, se logró lo que es más o menos conocemos con el nombre de cristianismo: Una mezcolanza entre las viejas creencias inspiradas en la figura de Cristo y estas corrientes filosóficas. Tanto críticos paganos como apologistas cristianos en el siglo II después de Cristo (Justino, Taciano, Atenágoras, Teófilo De Alejandría y la "carta a Diogneto", así como diversos de origen latino), discutieron firmemente posturas encontradas y afines, según su oposición o su asunción del cristianismo.

La "Teología cristiana", al menos en un principio, se caracterizó por posturas contrarias y divergentes, tales como la oposición al

"Gnosticismo". En cuanto al "culto cristiano", el bautismo, la eucaristía, el culto litúrgico o Misa, la penitencia, el culto a los difuntos, el culto a la Virgen y la lucha contra los demonios formaban parte del culto en el cristianismo primitivo.

Las relaciones con el poder imperial pasaron de ser, de un culto, perseguido, hasta la gran y última persecución de Diocleciano, a la conversión de Constantino, corriendo una suerte positiva la religión cristiana dentro del Imperio a partir de entonces.

Pero volvamos a la persona de Jesús que, para Touchard, se divide, en un principio, hasta los escritos de San Agustín: Hereda de la creencia judía el ser el "pueblo elegido", con un destino privilegiado; Jesús anuncia la consumación de los tiempos y la abolición de la ley, se proclama Hijo de Dios, denuncia el formalismo y la opresión de los fariseos, lo que se puede dejar pasar, no sin matices, como una revolución social. Jesús anuncia el "reino de Dios", y San Juan la caída de Roma. Hace especial hincapié en la fuerza interior del individuo mediante el esfuerzo cristiano mediante unos valores morales determinados; Jesús enseñaba que ni la fortuna, ni el poder, ni la sabiduría, ni la respetabilidad social son nada seguros, sustituyéndolos por valores como la "caridad" o la "honorabilidad por el arrepentimiento", valores meramente espirituales. Para San Pablo, por su parte, el equilibrio se encuentra, a pesar de todo, en la calma social; viene a señalar que no existe una organización social específicamente cristiana, sino una forma cristiana de cumplir con los deberes sociales, dentro de la organización existente. Jesús, con su afirmación "mi reino no es de este Mundo", suprimía todo problema teórico al respecto. No obstante, y aunque no pretendió abolir la esclavitud ni la servidumbre en ningún momento, sí que se limitó a influir en las conciencias de patronos y esclavos para hacerles comprender que todos eran hijos redimidos de Dios, y que debían dedicar sus actos en la buena dirección mediante la caridad, la dignidad y la confraternidad humanas, lo que hizo que, sin duda, aumentase el número de emancipaciones de servidores y esclavos diversos. Pero también es cierto que la Iglesia tuvo sus propios siervos, en especial para el cuidado de los grandes predios rústicos que llegaron a ser de su propiedad, y muy especialmente a partir del 313; el emperador, por su parte, desde los últimos años del siglo IV, había dejado de ser considerado un ser divino, pero recibía el título de "isapóstolos" (igual a los apóstoles), y se convertía en protector de la nueva religión estatal.

UNA VISIÓN ANTROPOLÓGICA DE LA ANTIGÜEDAD

"Inmortalidad" implica "eternidad", que es como una tiempo más allá del tiempo, necesarios en la vida mundana para no caer en destinos y civilizaciones caóticas. Ello lo debieron saber los antiguos, empujados, seguramente, a pensar sobre ello dado el "vacío existencial" del que eran fruto dada su propia, y limitada -con respecto a la nuestra- inteligencia del Mundo.

Pero "eternidad" es un término que implica que "pasado" y "futuro" están integrados en un presente "omnipresente", mientras que "inmortalidad" implica la "negación de la vida mundana", lo que será fruto de las más duras críticas por parte de los filósofos ateos, antirreligiosos y materialistas en general.

A su vez, la creencia en una "eternidad" conlleva la creencia en un ser eterno, y esto es extensible, en las expresiones religiosas, a la inmortalidad del alma humana. No hay que mencionar que, biológicamente, esto es inviable, pero, ¿y filosóficamente, es posible "trascender el tiempo"? Algunos autores afirman que el ser humano es más que su condicionante biológico o personalidad. Pero, biológicamente, es imposible una continuación de existencia más allá de la muerte.

Aunque profundizaremos sobre ambas más adelante, es conveniente mencionar ya que hay, para el hombre, una inmortalidad que llaman objetiva: La primera enfatiza una futura sociedad feliz, gracias a los sacrificios de los que ahora padecen. Hay otra: La "Inmortalidad idealista", que tiene como ejes fundamentales el espíritu, la idea y conciencia universales. Es como afirmar que "el todo" pertenece al "todo". Es la inmortalidad derivada del idealismo de, por ejemplo, Hegel. Pero, ¿qué hay de la inmortalidad individual? Si dejamos a un lado, aunque sólo sea por un momento, los argumentos científicos, y nos centramos en conceptos meramente filosóficos, es posible, y así es en diversos casos, encontrar una explicación a la inmortalidad del alma. También en la psicología psicoanalista encontramos explicaciones a una posible existencia extraterrena (Jung, Freud), teniendo en cuenta que es en el subconsciente donde encontramos lo que llamamos el espíritu absoluto, voluntad general, especie, si bien biólogos y biologistas como Dawkins, actualmente, se empeñan en demostrar, en términos darwinistas, que el ser humano está conducido en su conducta por irreductibles genes egoístas. Pero, un "yo" consciente de su inmortalidad, nos conduce a un nuevo concepto de libertad y responsabilidad, basando sus explicaciones en las "teorías de la libido", o no resistencia a las atracciones de la naturaleza.

El psicoanálisis es, después de todo, y muchos autores coinciden en ello, una de las bases de la filosofía contemporánea. Y es ahí, en la filosofía, donde nos anticipamos a la realidad, que nos habla de un "instinto" de inmortalidad, y afirma que la estructura del ser humano no puede ser destruida una corriente filosófica que arranca de la teología. De este modo, algunos creen que el "alma" humana, y por tanto la esencia del hombre, es capaz de trascender el tiempo. Ya Platón y Aristóteles conocieron estos conceptos, si bien, sobre todo en el segundo, arraigaron dudas acerca de la supervivencia individual del alma. Posteriormente, los escolásticos han ampliado el problema.

El "espíritu" vivo o actual, o es mío, o es tuyo, y, de no perecer, es indudable que lo que prevalece es el "yo" individual. Son elucubraciones filosóficas que vienen de lejos en el tiempo, y que pueden, tal vez, explicar en parte el por qué de las creencias tan arraigadas entre los antiguos. El "Deísmo" es, a pesar de todo, una corriente filosófica que no está muerta, y que autores como Berkeley, e incluso Kant en su "crítica de la razón práctica", pueden considerarse deístas.

En cualquier caso, el "no mirar directamente a la muerte" afecta, y ha afectado a lo largo de la historia, a la concepción del ser humano, así como del Mundo; para Ferrater Mora, si la muerte otorga significado a la vida (en el aspecto, por ejemplo, que presentan los psicoanalistas de Jung o Freud), debemos buscar en ella -la vida- un sentido más amplio.

La religión, por su parte, llega hasta puntos que, todavía, presentan el fin del hombre, o mejor dicho su inmortalidad, como algo con un final predeterminado: Bien sea, y suele ser así en las religiones antiguas que aún hoy subsisten, guiado por fines morales. Así, como dice Unamuno. "Dios es el dios inmortalizador", afirmando los que así piensan que el disfrute de una conciencia anhelante de inmortalidad lleva a los que la poseen a no morir del todo. De cualquier forma, "la inmortalidad es un hecho ya ahora, o no es nada", ligado al concepto de espíritu. La muerte, según la tradición griega, libra al hombre de las cadenas, cárcel o encerramiento en el cuerpo; algunos apologistas del primer cristianismo así lo vieron también, y lo aplicaron en sus estudios. Pero, ni griegos, ni cristianos, consiguen salvar al ser humano de su fin fatal filosóficamente, y ni conscientemente, ni psicológicamente, consiguen salvar al hombre de su fin biológicamente determinado. Sí, tal vez, lo consiguieron (y en esto no fueron los únicos) moralmente, en el ámbito de sus sociedades o civilizaciones correspondientes, en cuanto, al menos, a sus sistemas de producción económica. Pero para el estudio de este tema, creo más conveniente dirigirme al materialismo dialéctico, o marxista, salvando la idea, ya definitivamente, de la inmortalidad del alma. Y es que, la muerte, para el estoico griego o romano, representa una liberación, mientras que, para el cristiano es algo, en principio, opuesto a la voluntad divina, según su propia palabra.

El materialismo histórico

"en la producción social de su vida, los seres humanos contraen determinadas relaciones necesarias e independientes de su voluntad, las relaciones de producción, que corresponden a un determinado grado de desarrollo de sus fuerzas productivas materiales. La totalidad de estas relaciones de producción constituye la estructura económica de la sociedad, la base real sobre la cual se alza un edificio jurídico y político y a la cual corresponden determinadas formas de conciencia social. El modo de producción de la vida material condiciona el proceso de la vida social, política e intelectual en general. No es la conciencia de los seres humanos lo que determina su existencia o ser, sino al contrario, es su existencia o ser social lo que determina su conciencia. En cierta fase de su desarrollo, las fuerzas productivas materiales de la sociedad entran en contradicción con las relaciones de producción existentes o -lo que sólo es una expresión jurídica para eso- con las relaciones de propiedad, dentro de las cuales se habían movido hasta ahora. De formas de desarrollo de las fuerzas productivas, esas relaciones se convierten en trabas de éstas. Entonces sobreviene una época de revolución social. Al cambiar la base económica se revoluciona, más o menos rápidamente, todo el enorme edificio. En la consideración de tales revoluciones hay que distinguir siempre entre la revolución material en las condiciones de producción económicas, que se ha de comprobar con exactitud de las ciencias naturales, y las formas jurídicas, políticas, religiosas, artísticas o filosóficas, en resumen ideológicas, en las cuales los seres humanos se vuelven conscientes de este conflicto y lo resuelven luchando. Así como no juzgamos a un individuo por lo que él mismo se cree, tampoco podemos juzgar tal época revolucionaria desde su conciencia, sino que más bien se ha de explicar esta conciencia por las contradicciones de la vida material, por el conflicto existente entre las fuerzas productivas sociales y las relaciones de producción" (Marx, "Crítica de la economía política").

Ésta es, la, universalmente aceptada, interpretación clásica de la historia según el materialismo dialéctico, más conocido como "marxismo". Pero, en sus análisis de las civilizaciones antiguas, Marx y Engels no sólo escribieron estas consideraciones, sino que nos encontramos con otras, recogidas, entre otras, en "la ideología alemana", o en su análisis de las "formas de producción precapitalistas".

"La concepción antigua, según la cual el hombre, a pesar de su limitada determinación política, nacional, religiosa, se presenta siempre como fin de la producción, parece ser mucho más noble que la del mundo moderno, según la cual la producción se presenta como fin de la producción. Pero, en realidad, si se elimina la forma limitada burguesa, ¿qué otra cosa es la riqueza, sino la universalidad de las necesidades, capacidades, goces, fuerzas productivas, etc., de los individuos engendrada en el cambio universal?; ¿qué es sino el pleno despliegue del dominio del hombre sobre las fuerzas naturales, tanto sobre las de la llamada naturaleza como las suyas propias en tanto que ente natural?; ¿qué es sino la elaboración absoluta de sus características creadoras, sin más presupuesto que el desarrollo histórico precedente, que convierte en fin en sí mismo a esta totalidad del desarrollo de todas las fuerzas humanas en cuanto tales, no medidas por un criterio "¿ya dado?"; ¿qué es sino una elaboración en la que él no se reproduce en una determinación concreta, sino que produce su totalidad, en la que no intenta permanecer como algo ya devenido, sino que existe en el movimiento absoluto del devenir? En la economía burguesa -y en la época de producción a la que ella corresponde- esta elaboración total de la naturaleza interna del hombre se presenta como un completo vaciamiento, esta objetivación universal como una enajenación total, y la destrucción de todos los fines determinados y unilaterales como el sacrificio de la finalidad propia a un fin completamente ajeno". (Marx, "formaciones económicas precapitalistas").

"podría parecer que su análisis corresponde al siguiente esquema de etapas históricas. Las formas orientales (y eslavas) son históricamente las más próximas al hombre en su origen, puesto que conservan en actividad la comunidad primitiva (aldea) en medio de una superestructura social más complicada, poseyendo un sistema de clases insuficientemente desarrollado. (Puede añadirse que Marx percibió cómo estos sistemas, en la época en que él escribía, se estaban desintegrando al empuje del desarrollo del mercado mundial, desapareciendo con ello su condición específica)" (Hobsbawn, "formaciones económicas precapitalistas").

"La producción de las ideas, de las representaciones, de la conciencia, está primero directamente enredada en la actividad material y en las relaciones materiales de los seres humanos, lenguaje de la vida real. El representar, el pensar, las relaciones intelectuales de los seres humanos aparecen aquí todavía como emanación directa de su comportamiento material. Lo mismo puede decirse de la producción intelectual. Tal como se presenta en el lenguaje de la política, de las leyes, de la moral, de la religión, de la metafísica, etc., de un pueblo. Los seres humanos son los productores de sus representaciones, ideas, etc., pero los seres humanos reales, activos, tal como están van condicionados por un determinado desarrollo de sus fuerzas productivas y de las relaciones que les corresponden, subiendo hasta sus más grandes formaciones. La conciencia nunca puede ser otra cosa sino la existencia consciente, y la existencia de los seres humanos es su proceso vital real. Cuando en toda la ideología los seres humanos y sus circunstancias aparecen al revés como la inversión de los objetos en la retina procede de un proceso vital directamente físico"

"Totalmente en contraste con la filosofía alemana que desciende del cielo a la tierra, aquí se asciende de la tierra al cielo. Es decir, no se parte de lo que los seres humanos dicen, se imaginan, se representan, tampoco los seres humanos hablados, pensados, imaginados, representados, para desde allí llegar a los seres humanos corporales; se parte de los seres humanos realmente activos, y desde su proceso vital real se describe también el desarrollo de los reflejos y ecos ideológicos de este proceso vital" (Marx, "La ideología alemana").

Para Farre, según Engels "la naturaleza produce al hombre, mientras que el hombre reproduce a la naturaleza y la hace suya"; esta reciprocidad determina las capacidades intelectiva y consciente. Para Marx, el ser humano es, ante todo, un ser social, y, una vez formada la comunidad (por los caracteres fundamentales que le da el tipo de propiedad de la tierra adoptado, en las civilizaciones antiguas), hay que "organizarla". Y en la organización social tiene un papel muy importante, como hemos visto en las páginas anteriores, la religión, la moral, la filosofía y todo pensamiento humano consciente.

Las facultades y operaciones psíquicas o anímicas, pensamientos y volición, a pesar de que nos son experienciales a los sentidos, parten totalmente de base material; no gozan respecto a la misma de ninguna independencia. Así reza la antropología marxista, por lo que no es de extrañar que, aunque no el exclusivo, las formas que adoptan los factores económicos sean los determinantes en los estudios marxistas.

8. *Conclusiones*

En la antigua Grecia, la religión y la filosofía llegaron frecuentemente al gobierno (pitagóricos, influencias de "la República" de Platón en numerosos dirigentes, etc.), aunque no solían ser sacerdotes los gobernantes. Aparte de ello, la religión fue utilizada por muchos gobernantes con el fin de influir sobre grupos numerosos de población, para atraerse así su favor: Se levantaban templos fastuosos, estatuas, etc. reflejo y consecuencia del orden moral que se pretendía imponer. El "templo", lugar central de la "polis", era el lugar común, donde se ofrendaban bienes.

En cuanto al marxismo, y a la filosofía contemporánea de carácter materialista de él y de otras corrientes similares, estaría en la "fe ciega en la razón ilustrada", obviando su univocidad. Así, de esta forma, la "sociología del conocimiento" advierte del carácter determinado, parcial y relativo de toda ideología (no solo marxista), lo que "ha hecho ver que el marxismo puede terminar siendo pensamiento deformado y mistificación de lo real".

Así con todo, ha habido autores que, en, tal vez, un afán emulador de la "filosofía revolucionaria" que es el marxismo, quieren buscar una nueva forma de compromiso con la realidad, como, por ejemplo, Fontana, en su conclusión acerca de la historiografía que ha de suceder a la posmoderna o actual; una historiografía de "lo total", que no obvie ningún tema objeto de investigación histórica, con la máxima del "compromiso", político, cultural... ("todo es política", rezaba un antiguo eslogan feminista).

En parte influido por estas ideas, he concebido el presente escrito, pero del que, creo, se pueden extraer muchas más elucubraciones con respecto a las sociedades estudiadas, sobre las que he pretendido arrojar un poco de luz, en un tema que, a pesar de los tiempos, sigue estando de la máxima actualidad, máxime cuando de ven, por encima, los temarios de carreras y/o licenciaturas como son las de historia o los estudios de arqueología, por poner sólo un par de ejemplos, los estudios sobre historia de la filosofía, historia de las religiones, etc. Afán de "dar lucidez" por medio de la razón, aunque, como se ha señalado anteriormente, no todo está en la razón. Y yo, efectivamente, coincido no sólo con lo referente a la temática, sino que abogo por la multidisciplinariedad, de forma que, teniendo en cuenta que el ensayo versa sobre el mundo más o menos "espiritual" que rodeó al hombre de las civilizaciones antiguas estudiadas, creo que se hace imprescindible un apunte sobre *las emociones*, a la luz de varios libros sobre biología y psicología que las abarcan como tema central.

Pero, ¿Por qué tienen tanta importancia la investigación de las emociones, sus causas y fines, así como su significado? A esta cuestión se podría responder con otra cuestión: ¿Cómo podemos llegar a dominar los impulsos más destructivos y frustrantes de los que son fruto las conductas que escapan a la consciencia?, o bien esta otra de ¿se puede llamar al ser humano "inteligente" si carece del conocimiento de la más arcaicas y determinantes aptitudes para vivir? De algún modo, esta parte es determinante en la vida del ser humano, pero, ¿Por qué es así?

El carácter eminentemente irracional de las emociones se explicaría a través de la biología evolutiva, según la cual "este tipo de reacciones automáticas ha terminado inscribiéndose en nuestro sistema nervioso porque sirvió para garantizar la vida durante un período decisivo de la prehistoria humana y, más importante todavía, porque cumplió con la principal tarea de la evolución: Perpetuar (y yo añadiría también sobrevivir). Es por ello por lo que estas respuestas irracionales habría que buscarlas más allá del intelecto, pues se desarrollaron mucho antes del propio raciocinio; ahora bien, cabría preguntarse: ¿Cómo podríamos adaptar estas conductas pleistocénicas al mundo posmoderno en que nos vemos inmersos?

En palabras de Goleman "todas las emociones son, en esencia, impulsos que nos llevan a actuar, programas de reacción automática con que nos ha dotado la evolución" -suscribiendo en gran medida al psicoanálisis-, y diferencia entre las emociones englobándolas en "enojo", "sorpresa", "miedo", "felicidad", "amor", "desagrado" y "tristeza", asociando a cada una de ellas diferentes características que, *operando en el sistema motor,* les servían a nuestros ancestros para sobrevivir y perpetuarse. Estas respuestas primordiales pueden llegar a anular el raciocinio, pues son los más determinantes para la vida; más aún que el propio pensamiento. Son, por ello, las más rudamente adscritas a la conducta humana.

No en vano, fue a partir del tallo encefálico y del lóbulo olfatorio ("el cerebro primitivo") que se desarrollaron -sobre ellos- los órganos que albergan las respuestas emocionales. Pero aquí ya entramos de lleno en la psicología evolutiva, y a mí me interesa, especialmente, el aspecto social de la conducta emocional, dado el carácter del ensayo.

El ya mencionado Sapolsky nos dice que "para los animales como las cebras, los hechos de la vida que mayor trastorno le causa son los agentes estresantes físicos agudos; esto es, heridas graves, depredadores, muerte por hambre..." Luego están los "agentes estresantes físicos crónicos" como la sequía, los parásitos, la hambruna... que también pensar lo suyo en el cerebro de la mayor parte de los mamíferos. Las respuestas de estrés corporales son bastante adecuadas para enfrentarse a estos desastres continuos.

Un organismo puede verse asimismo acosado por *agentes estresantes psicológicos y sociales* que, desde el punto de vista de la evolución del reino animal, es un invento reciente. Así, por ejemplo, "los seres humanos experimentamos emociones muy intensas relacionadas con "simples" pensamientos (...) Se puede hacer algo tan poco emocionante como firmar un papel: Si lo que se acaba de firmar es la orden de fusilamiento de un odiado rival tras meses de complots y maniobras, las respuestas fisiológicas del firmante podrían ser sorprendentemente similares a las del babuino de la sabana que acaba de lanzarse contra la cara de un competidor y desgarrársela. Y si alguien pasase interminables meses "reconcomiéndose" las entrañas por la ansiedad, la ira y la tensión que le produce un problema emocional, es muy probable que caiga enfermo" (Sapolsky, 23-4).

De este modo, si el humano o una cebra corren para salvar la vida, los mecanismos de respuesta se hallan perfectamente adaptados para enfrentarse a una emergencia física a corto plazo de ese calibre: "Cuando nos sentamos y empezamos a preocuparnos sobre hechos estresantes, activamos las mismas respuestas fisiológicas, los cuales han evolucionado para responder a emergencias agudas de tipo físico". Y, a veces, los humanos sufrimos estrés por cosas que carecen de sentido para un león o una cebra".

Por último, durante, durante el estrés se modifican las habilidades cognitivas y sensoriales: Una mejor memoria y una detección (los sentidos se agudizan) más fin de las sensaciones son muy adaptativas y útiles, "pero si todos los días se viven como si fuesen una emergencia, hay que pagar un precio: Diabetes (...), sobreexcitación crónica del sistema cardiovascular (...) Los mismos sistemas cerebrales que funcionan durante el estrés resultan dañados por uno de los tipos de hormonas segregadas durante éste".

¿Cómo controlar entonces las reacciones emocionales en virtud del raciocinio? Goleman, citando de nuevo a Freud, nos dice que "Las primeras leyes códigos éticos -el código de Hammurabi, los diez mandamientos o los edictos del emperador Ashoka- deben considerarse como intentos de refrenar, someter y domesticar la vida emocional" dadas las nuevas realidades sociales: La civilización y la vida sedentaria y en ciudades. Pero lo cierto es que "la psicología actual comienza a tomar en consideración el potencial y las virtudes - así como los peligros- de las emociones en nuestra vida mental", intentando "hacernos amigos" de nuestro ser propio más auténtico: El cerebro emocional, haciéndonos sentir a gusto con nosotros mismos y -por ende- con el universo mental en que vivimos, "ayudándonos a convertirnos en auténticos seres humanos" (página 87).

Este control de las emociones comienza con el hecho de identificar los propios sentimientos, reconociéndolos y nombrándolos, lo que hace necesaria la activación del neocórtex y, a la vez, los pone bajo su control para analizar las causas, los significados y las consecuencias de la emoción (=impulso para la acción) y, de esta forma, transformar así su visión y su estado de ánimo frente al estímulo, albergando un tipo de reacción (=sentimiento) en consonancia con las circunstancias.

Pero, como bien indica el autor, "ello no significa, en modo alguno, que debamos limitarnos a experimentar un solo tipo de emoción" como ocurre hoy en día con la "alegría" y la "felicidad", pues "habría mucho que decir acerca de la aportación constructiva del sufrimiento o la vida espiritual y creativa, porque el sufrimiento puede ayudarnos a templar el alma" (pág. 105), si bien no habremos de dejar que nuestra "rabia interior" escape a nuestro control; de este modo, sentimientos tradicionalmente considerados negativos como la "ira" (cuyo detonante universal es la sensación de sentirse amenazado tanto física como psíquicamente, y que provoca una "excitación adrenocortical" que permanece horas e incluso dias en nuestro riego sanguíneo) provoca una hipersensibilidad que mantiene predispuesto el organismo, de modo que (al igual que el resto de las emociones) tiende a autoperpetuarse ante la más mínima excitación (al provocar nuevas descargas hormonales) y, al final, sucede el "desbordamiento" del impulso sobre la razón, anulándola.

En palabras de Goleman: "A falta de toda guía cognitiva adecuada, la persona enfadada se retrotrae a la más primitiva de las respuestas".

Otro tipo de respuesta ante una amenaza o peligro potencial almacenado en nuestro cerebro emocional es la "ansiedad", que obliga a la mente a buscar obsesivamente una salida ante el peligro, secuestrando al cerebro y obligándole a ignorar todo lo demás, y que puede acabar encerrando a la persona en una actitud unilateral y rígida ante los asuntos que le amenazan. De este modo, este continuo "estar alerta" proporciona una protección contra el posible peligro percibido; esto nos lleva a pensar en el carácter patológico de la "ansiedad", de la mano de las desproporcionadas respuestas de la memoria emocional, o sea la amígdala, ante situaciones completamente inocuas.

La "tristeza" (que, al igual que la "ansiedad", fija la atención, si bien el objeto no es la salida sino en aquello que se ha perdido y disminuye el interés por todo lo demás) supone una "renovación de la vida ante nuevas circunstancias", si bien, en casos patológicos ("depresión") puede llegar a un estancamiento de la vida en la pérdida que se le ha producido, impidiendo el avance que en realidad se proponía. Y esto se produce a través del "cerebro emocional", con la irrupción de pensamientos intrusivos de carácter negativo, que se autoperpetúan a través de asociaciones mentales. Y puesto que estas asociaciones acaban llevando a obsesiones y preocupaciones en torno a uno mismo, el hecho de orientar nuestras acciones y pensamientos hacia otros objetos o sujetos proporciona el necesario restablecimiento de la vida sobre la muerte (¿Cielo e Infierno?).

Tal vez sea "el control de los impulsos" el verdadero desafío de la vida, "la eterna lucha entre el impulso y su represión, entre el "id" y el "ego", entre el deseo y el autocontrol, entre la gratificación y la demora" (Goleman, 146).

Es la capacidad de motivarse en la búsqueda de un objetivo, lo que constituye la verdadera esencia de nuestra voluntad y carácter de cada uno de nosotros; pero lo cierto es que no todo el mundo tiene el mismo grado de expectativas. Para Goleman, el "optimismo" (=esperanza) "significa tener una fuerte expectativa de que, en general, las cosas irán bien a pesar de los contratiempos", es pues, la fuente misma de la "motivación", y ello hay que buscarlo esencialmente en uno mismo, ya que, al contrario que ocurre en los pesimistas, se saben capaces de conseguir todo aquello que se propongan más allá de las derrotas ocasionales que, de hecho, sirven para abordar sus objetivos desde una perspectiva diferente y más efectiva.

La capacidad de centrar las capacidades y habilidades en una acción es lo que se denomina "estado de flujo", que se caracteriza por la activación y alineación de las emociones "con la tarea que estamos llevando a cabo". Goleman señala, acertadamente, que el "gozo en la propia actividad" es lo que nos lleva a este estado placentero de acción, siendo la motivación principal no ya únicamente el objetivo sino la propia actividad que, por tanto, ha de ser de nuestro agrado.

El reconocimiento de las propias emociones parece ser el origen de la "empatía", que no es sino la representación en el propio ser de los sentimientos ajenos que nos llegan desde nuestra más tierna infancia, a través del lenguaje corporal y las palabras, por parte de los agentes paternos (muy especialmente de la madre), de forma que el "grado de sintonización con los demás" vendrá determinado en gran medida por esta primera relación afectiva, si bien "cualquier posible desequilibrio puede corregirse después; se trata de un proceso que perdura a lo largo de toda la vida".

La empatía, que parece estar ubicada en la amígdala y sus conexiones con el área visual del córtex, se halla íntimamente ligada con los primeros recuerdos emocionales; desempeña un "papel crucial en la elaboración de una respuesta apropiada" ante eventuales amenazas (mecanismo de defensa o "lucha-o-huida"). Pero "la empatía exige la calma y la receptividad suficientes", y es por ello que "cuando el cerebro emocional imprime al cuerpo una reacción violenta casi no es posible la empatía".

El hecho de sentirse inquieto, deprimido o aislado puede llevar a ser incapaz de percibir el sufrimiento de los demás, pero también a la incapacidad de mostrar las propias emociones. De esta forma, cuanto más empática es la persona (que en muchos casos coincide con "más expresiva"), mayor es el poder sobre los sentimientos ajenos: Es el *líder natural*, aquel que sabe leer y manipular a los demás en beneficio propio.

Por lo general, se observa que las mujeres son más empáticas que los hombres, debido, según Goleman, a que los padres hablan más de las emociones con las hijas que con los hijos; y es por esto que las niñas disponen de más información sobre el mundo emocional. Este enfrentamiento entre la "naturaleza diferente" de los dos sexos de mayor o menor nivel emotivo es la causa principal de la actual cantidad de fracasos matrimoniales, según Goleman.

Explicaría también el carácter menos diferenciado en la prehistoria del hombre (Diosas madre, matriarcados...). Desde la más probable "incomunicación" entre padres e hija, de modo que, de hecho, habría de haber sido una sociedad menos sexista.

Del mismo modo, la ausencia de empatía cuartea las relaciones sociales, resultando, en fin, la desintegración de la propia sociedad, cohesionada a raíz de una serie de valores, en la medida en que "la fidelidad al propio grupo exige el precio psicológico de la hostilidad hacia otro grupo", fomentando la intolerancia y la antipatía, lo contrario de la empatía.

Desde un punto de vista ecológico, en el mundo occidental estamos lo suficientemente protegidos y somos lo suficientemente privilegiados como para sentirnos estresados fundamentalmente por problemas sociales y psicológicos.

Debido a las condiciones ideales en las que viven en el Serengueti, los babuinos también se pueden permitir el lujo de enfrentarse unos con otros con "agentes estresantes sociales y psicológicos". De esta forma nos lo narra Sapolsky que "un enorme porcentaje de las desgracias de los babuinos se relacionan con el rango social" pero, en los machos, la dominación no es únicamente cuestión de saber pelear, sino que, al ser animales mucho más complejos, la mayor parte de sus acciones se hallaría en el terreno de lo psicológico-empático, provocándose estrés psicológico unos a otros.

"En los machos dominantes observamos un conjunto de rasgos de conducta asociados con niveles bajos de glucocorticoides en estado de reposo (...) distinguía entre una interacción amenazante y una neutral con su rival", mientras que "si un babuino macho no sabe distinguir una situación de otra, su nivel de glucocorticoides en estado de reposo es el doble de elevado que el del macho que sí sabe la diferencia": Está en constante estado de estrés.

De igual forma, "si la situación es realmente amenazadora (el rival se halla a un metro haciendo gestos amenazadores) (...) los machos que se sientan pasivamente y que renuncian a controlar la situación tienen niveles de glucocorticoides más elevados que los que embisten primero", e, igualmente, se observa menos nivel de glucocorticoides en aquellos que utilizan la "agresión desplazada", dando salida a la frustración. También se observa que el subgrupo de machos con mayor grado de asociación social tiene el nivel más bajo de glucocorticoides.

¿Cuál es la historia de estos machos del Serengueti que parecen menos sensibles al estrés? Son los más invulnerables, tanto por la genética como por el estilo de cuidados maternos y educacionales, contribuyendo a la "personalidad" del primate. Como indica Sapolsky "las crías de las madres menos ansiosas y más permisivas tienen más confianza en sí mismas y mayor capacidad de exploración". Es la historia de la evolución de la conducta de "vulnerabilidad" humana, más o menos innata, y la "indefensión aprendida": "Esta indefensión se extiende a tareas relacionadas con la vida cotidiana, como competir con otro animal por comida o evitar la agresión social. Cabría preguntarse si la indefensión se debe al estrés físico de recibir las descargas o al estrés psicológico de carecer del control o de capacidad para predecirlas". Para averiguarlo, se ponen ratas por parejas, "una recibe una descarga en las condiciones marcadas por la capacidad de predecir y por un cierto grado de control -una luz roja para lo primero y una palanca para reducir la intensidad de la descarga, para lo segundo-; la otra recibe el mismo patrón de descargas que la anterior -frecuencia en intensidad-, pero sin la capacidad de predecirlas ó controlarlas". Según este experimento, "sólo la segunda rata se vuelve indefensa: Ha aprendido la indefensión. En esta segunda rata se observan las mismas características que en el deprimido humano: Falta de motivación (pues lo que ha aprendido es ni más ni menos que "no hay nada que hacer", lo que Seligman denominaba "pereza aprendida") y "retraso psicomotor" (pérdida del sueño, desorganización estructural y niveles elevados de glucocorticoides).

Como bien diría Sapolsky, "una depresión profunda puede ser el resultado de lecciones muy duras sobre la imposibilidad de controlar las cosas". De esta forma "carecemos de intentar vivir porque asumimos lo peor; nos falta claridad cognitiva para percibir cuando las cosas van realmente bien y experimentamos una dolorosa carencia de placer en todo".

¿Y esto, por qué? Porque el sujeto "globaliza" el agente estresante incontrolado al resto de situaciones y, de este modo, la respuesta aprendida es siempre del mismo carácter negativo. En términos cerebrales: La amígdala responde más rápidamente que el cerebro "consciente".

Como explica Sapolsky en uno de los ensayos con animales, "si un perro conoce el mundo real, ha experimentado lo que es la vida y se ha tenido que valer por sí mismo, ha aprendido que en la vida hay muchas -otras- cosas que sí se pueden controlar". De este modo, ante un agente incontrolable, se resiste a globalizar el agente estresante".

En los humanos, dotados de la capacidad de la creación abstracta, la capacidad de respuesta puede llegar a ser "infinita", ante agentes tan desmoralizadores como, por ejemplo, la certeza de la muerte: Es sólo cuestión de imaginación.

Tanto a nivel social como individual "nuestra fragilidad emocional ante la "enfermedad" se asienta en la creencia de que somos invulnerables, una creencia que la enfermedad hace añicos, destruyendo así la seguridad e invulnerabilidad de nuestro universo privado y volviéndonos súbitamente débiles, desamparados e indefensos". En este sentido, "el sistema inmunológico constituye el "cerebro inmunológico", el que define su sensación de identidad, de lo que le pertenece y no le pertenece". Y esto es así porque, a nivel neuronal, el cerebro humano contiene terminaciones nerviosas que interconectan el sistema nervioso con el sistema inmunológico, según el descubrimiento de Adler (En Goleman, páginas 282 a 284), así como el sistema cardiovascular, etc. (afectados por sentimientos como la "ira" y otras emociones "negativas", intensas y prolongadas); en este sentido, "la persona pesimista sería aquella incapaz de cuidarse de sí misma y (...) tiene hábitos más perjudiciales para la salud".

Durante los 3 ó 4 primeros años de vida, el cerebro de los niños crece hasta los dos tercios de su tamaño maduro y su complejidad se desarrolla a un ritmo que jamás volverá a repetirse. El impacto de este aprendizaje temprano es muy profundo. Así pues, "la forma en que los padres tratan a sus hijos tiene consecuencias sobre la vida emocional del niño", pues de ellos debe aprender, antes de entrar en la guardería:

-Confianza

-Curiosidad

-Intencionalidad

-Autocontrol

-Relación

-Capacidad de comunicar

-cooperación,

Lo cual repercutiría, según Goleman, no solo en una existencia posterior más plena, sino que también lo haría en el rendimiento académico del niño, responsabilidad por parte de los compañeros, etc. Del mismo modo, una infancia caracterizada por unos padres excesivamente impulsivos, llevará al niño a "imitar los caracteres parentales", y a desarrollar caracteres nocivos para su completo emplazamiento en la sociedad ("agresividad", "falta de empatía", etc.).

Por acciones de los padres o de otra naturaleza, los niños, tan vulnerables, suelen sufrir la acción del "trauma", el cual les provoca un estado de continua alerta: "Estos momentos aterradoramente vívidos se convierten en recuerdos que quedan profundamente grabados en los circuitos emocionales de los afectados", rescatándose al menor indicio de que el acontecimiento pueda volver a repetirse: "En cuestión de un instante, el mundo interpersonal se convierte en un lugar peligroso en el que los otros constituyen una amenaza potencial". Es el terror congelado en la memoria emocional, en la amígdala; ésta ordena al "locus ceruleus" la secreción de las catelonaminas -adrenalina y noradrenalina- (para hacer frente a una situación de urgencia y la grabación de los recuerdos con una intensidad especial), HCT (hormona corticotrópica, segregada en la pituitaria) la hormona para activar la respuesta inmediata de "lucha-o-huida" e incluso las endorfinas (para una mayor tolerancia al dolor) en el córtex cerebral.

Hay que hacer notar que, en el "miedo aprendido, es el neocórtex el que desempeña el papel fundamental", de forma que es posible un enfrentamiento y superación en condiciones de calma, cosa que no ocurre en el "cerebro emocional", siendo entonces incapaz la amígdala de ensayar y "reaprender" una respuesta más moderada, aunque hoy día hay medios para movilizar los recuerdos estancados en la amígdala: El "psicoanálisis" y cualquier otra forma de contacto con el inconsciente, como el arte, por ejemplo.

En cualquier caso, "la calma fisiológica constituye la clave para que los circuitos emocionales implicados descubran de nuevo que la vida no supone una amenaza constante", para de este modo recuperar la capacidad de respuesta adecuada: Confianza en sí mismo o "autoafirmación". De cualquier forma, "no es posible eliminar completamente la puntada inicial de la emoción", aunque el "cerebro intelectual" ha sido capaz de aprender "un modo de respuesta nuevo y más saludable".

Al igual que en el fenómeno de la "agresividad", la "depresión" se presenta por tendencias genéticas heredadas, así como por "hábitos mentales pesimistas", aunque reversibles. En opinión de Goleman, "la *pérdida de una fuente sólida de identificación* -de "super-yo", que diría Freud- es la principal causa de la depresión"; Egoísmo y competencia, junto a un declive paralelo de creencias morales y religiosas "suponen la pérdida de una serie de recursos útiles para amortiguar los reveses y fracasos de la vida" (página 396), tanto en el ámbito colectivo como individual.

En palabras de Freud: "El tormento, indudablemente placentero que el melancólico se infringe a sí mismo significa, análogamente a los fenómenos correlativos de la neurosis obsesiva, la satisfacción de las tendencias sádicas y de odio, orientadas hacia un "objeto", pero "retrotraídas al yo" del propio sujeto". Poco más adelante afirma que "el duelo -la "tristeza" entendida como sentimiento aquí estudiada- mueve al "yo" a renunciar al objeto, desvalorizándolo, denigrándolo y, en definitiva, asesinándolo", para volver al "yo"; esto es, la recuperación de la "alegría". Así, pues, la "depresión" vendría ligada:

a) A la imposibilidad del abandono del objeto

b) A la autodenigración, auto-desvalorización y auto-asesinato, por la vuelta de los instintos al propio yo ("agresión vuelta hacia adentro", o una mezcla de ambas). Pero, ¿Son estos conceptos asimilables por la ciencia moderna?

En palabras de Sapolsky, y según experimentos sobre la fisiología del estrés, "Se sometió a un organismo a un "estímulo doloroso" para saber el grado de respuesta de estrés que desencadenaría -en forma de secreciones hormonales, etc.-. Los bioingenieros lo habían hecho muchas veces, registrando en gráficos la relación entre la intensidad y la duración del estímulo y de la respuesta. Pero, en este caso, cuando se produce el estímulo doloroso, el animal estudiado puede acceder a su madre y llorar en sus brazos. Y en tales circunstancias manifiesta una respuesta de estrés menor. No habría nada en el mundo limpio y mecánico de los bioingenieros que pudiese explicar este fenómeno, pues el nivel del estímulo era el mismo. De esta forma, queda demostrado que los factores psicológicos modulan en gran medida la respuesta de estrés fisiológico, de modo que modulan (y desencadenan) la respuesta fisiológica en gran medida. Sapolsky aun llega más lejos en su afirmación, ligando la "vulnerabilidad" al exceso o defecto de noradrenalina, serotonina y otros neurotransmisores, "quizás aún por descrubrir".

Ahora bien, ¿qué sucede durante la depresión? Según la tesis freudiana, "se tiene un pensamiento -la muerte de un ser querido, la certeza de la propia muerte, etc.- y, de repente, "se experimentan los mismos síntomas que tras haber sido embestido por un elefante". ¿Por qué? "Cuando la corteza cerebral tiene un "pensamiento negativo abstracto" y consigue convencer al resto del cerebro de que es un "agente estresante físico" (...) de ahí se deriva una predicción tremendamente brutal; si se cortan las conexiones entre la corteza y el resto del cerebro, a aquella le resultará imposible deprimir a éste". Es lo que se llama "cingunotomía" o "corte del haz del cíngulo" y, ciertamente, funciona bajo circunstancias extremas.

9. *Reflexión final*

Un último apunte va dedicado a palabras de un significado tan importante como "tolerancia", que unida al adjetivo "religiosa", forman una pareja tremendamente necesaria. Teniendo en cuenta que, en su mayor parte, este trabajo ha estado dedicado a las creaciones de la mente humana (necesarias, como he intentado hacer ver en la "conclusión" anterior), no puedo por menos que, ante los retos del tiempo actual se nos presentan, hacer una pequeña reflexión acerca de la utilidad que la religión, los sistemas morales y filosóficos, etc., que juegan para la supervivencia de la, digamos, "buena salud mental" de una sociedad correctamente encauzada, pues sólo así se puede afrontar el futuro con unas mínimas garantías de éxito, así como, más importante a mi parecer, los nuevos logros que esa sociedad ha de comprometerse a cumplir, por el bien de todos los individuos que la conforman. Al menos, en teoría.

Echando la vista atrás, o estudiando los modelos de las pasadas civilizaciones, se pueden obtener fértiles suelos sobre los que edificar nuevos sistemas de pensamiento útiles para el bienestar del conjunto de la ciudadanía. Mas, si me he de quedar con una frase que la filosofía marxista nos ha legado es la de que "los filósofos, hasta ahora, se ha preocupado de interpretar el mundo; ahora se trata de transformarlo" ("Tesis sobre Feuerbach").

Mediante la multidisciplinariedad y el uso de diversas ciencias como auxiliares se pueden conseguir nuevas metas que la historia, por sí misma, y por sus propias limitaciones como ciencia (así como por las fuentes, que no son todo lo numerosas y claras que se desearía en muchos casos) se ve limitada a conseguir. A mi juicio, el estudio de la evolución de las comunidades humanas a lo largo de o del tiempo y conforma la historia, con sus avatares, sus desafíos, sus ventajas y sus inconvenientes en cada uno de los casos. Pero me es imposible olvidarme del individuo, ese "corpúsculo" menor de las comunidades y civilizaciones, y de cómo ayudarle a ser más feliz y próspero en este sistema, u otros, que son, al fin y al cabo, impuestos, y las ciencias encargadas de su análisis (entre ellas, la Historia), como elemento que co-ayude a ese fin.

Pero no es menos importante, ya que hablamos del individuo, de su papel dinamizador de la sociedad, su voluntarismo para atacar problemas de su tiempo, con las armas que su comunidad, supuestamente, pone en sus manos (al menos en las tan gozosamente victoriosas, tras la "guerra fría", democracias occidentales): Esto es: asociaciones, sindicatos, partidos políticos, movimientos sociales en general, que han de partir, en primer lugar, de un voluntarismo inicial de uno o unos pocos, para ir haciendo un "nosotros" cada vez mayor, para acabar influenciando a las instituciones que pretenden, en su mayoría, corregir en sus conductas (aunque también hay movimientos que pretenden, incluso, suplantar a las instituciones), a favor de un interés colectivo. Y me gustaría hacer especial mención de los movimientos pacifistas que, más allá de dogmas y doctrinas predeterminadas, buscan el bienestar común a través de la promulgación de la paz entre los pueblos; también la "paz interior", entre diversos movimientos de carácter orientalista, y otros, contribuyen a ello, pues creo, sinceramente, que "una sociedad feliz" (y nada más lejos que la que promulgaba Aldous Huxley) comienza por unos ciudadanos felices, así como prósperos. Y es que, si de algo sirvió y sirve el "materialismo", es para dar a conocer las necesidades materiales de que todos somos demandantes. Pero, y ahora bien, dentro de unos límites sostenibles, equilibrados, y mil cosas más, siempre de polo positivo para nosotros, que somos el presente, y las generaciones futuras, que son eso mismo, el futuro, y a las que no podemos "esquilmar" ni expoliar, así como tampoco "consentir". Hemos de huir, en mi opinión, de un materialismo orientado al consumo, el despilfarro y la ruptura con el equilibrio medioambiental. Y las religiones de los pueblos del pasado, así como sus tradiciones, nos pueden ser de gran utilidad a la hora de encontrar formas de acatar el problema de la ecología.

Pero, más importante, son las "guerras de religión" que, todavía hoy, y aunque parezca mentira, ocurren (11-S, 11-M, conflicto Palestino-israelí y otros focos de Oriente Medio y Próximo, como por ejemplo Afganistán, Irán o el Cáucaso, entre muchos otros), y que me hacen recordar esa estrofa de Dave Mustaine (Megadeth), que dice así: "Killing for religion... something I don´t understand".

Pero, y no hay que olvidarlo, el problema, ni es sólo material y/o económico, ni es sólo religioso, ni es solo cultural, ni es solo... una causa la que lo produce, sino que los conflictos tienen unas fuentes diversas, complejas, que la historia nos ha de ayudar a identificar, para corregir los destinos de los pueblos de forma que, si la entendemos como un proceso de "devenir" continuo en el tiempo, a través del cual va sufriendo transformaciones, nos puede ayudar de una forma tremendamente constructiva.

Bibliografía:

- Bouthoul, G: "Biología social". Oikos-Tau. 1971.

- Cid, C y Riu, M: "Historia de las religiones". Óptima. 2003.

- Davies, P: "Sobre el tiempo", Crítica- Drakontos. 1996.

- Eliade, M: "Lo sagrado y lo profano". Labor. 1985.

- Farre, L: "Antropología filosófica". Guadarrama. 1968.

- Freud, S: "Los instintos y sus destinos". Biblioteca Nueva, RBA. 1997.

- Freud, S: "Duelo y melancolía". Biblioteca Nueva. RBA. 1997.

- Freud, S: " Moisés y el monoteísmo". Biblioteca Nueva, RBA. 1997.

- Goleman, D: "La inteligencia emocional". Círculo de lectores. 1997.

- Haken, H: "Las fórmulas del éxito en la naturaleza". Salvat (Ciencia). 1988.

- Jacob, F: "El ratón, la mosca y el hombre". Crítica-Drakontos. 1998.

- Marx, K: "La ideología alemana (I) y otros escritos filosóficos". Losada. 2005.

- Marx, K. y Hobsbawn, E: "Formaciones económicas precapitalistas". Crítica. 1984.

- Renfrew, C y Bahn, P: "Arqueología. Teorías, métodos y práctica". Akal. 1993, 2011.

- Sapolsky, R: "¿Por qué las cebras no tienen úlcera?". Alianza editorial. 1994.

- Touchard, J: "Historia de las ideas políticas". Tecnos. 1961.

- Vázquez Hoyz: "Historia del mundo antiguo". Editorial Sanz y Torres. 2007.

www.ingramcontent.com/pod-product-compliance
Lightning Source LLC
Chambersburg PA
CBHW071248150726
48001CB00018B/462